24式：班主任的见招拆招

主编 俞晴

浙江教育出版社·杭州

编委会名单

草根的力量

序

窗外，坡上，一片野草——茎叶青葱，欣欣向荣，亭亭立在初夏的阳光下。

窗里，案头，一本书稿——《24式：班主任的见招拆招》，散发着淡淡的墨香。

这是我校部分班主任撰写的。他们之中有省智慧班主任，也有市、区名班主任、骨干班主任。编撰这本书，目的有二：一是促进名班主任工作室成员及学校骨干班主任的自我总结和提升。他们立足一线，深入研究，勤于小结，总结出一批可读性强、蕴含教育原理的好案例，如璞玉初成，如珍珠散落……编撰这本书，可以让这些案例深化、升华并固化。另一方面，学校教师队伍持续扩容，尤其是近几年，每年都有十几位新教师加入，教师的继续教育成了一项重要工作，特别是当好班主任，是许多新教师感到棘手的问题：如何开展家访？如何召开家长会？如何培养班干部？……他们有太多的困惑需要“老司机”实战指导。有了这本书，新手们就拥有了“实战秘笈”，可以在工作中少走一些弯路。

该书收录了24个案例，涉及班主任工作的方方面面。每一则案例按照教育背景、问题呈现、解决策略及教育成效和反思这样的体系构建。看，刚刚入学的小吴在学校生活中表现出了诸多的不适应现象，金云华老师如何干预呢？在《如何应对新生入学不适应》一文中，金老师详细描绘了小吴的个案，再从家庭、学校及学生个体三方面剖析原因，最后提出对应的措施。措施到位后，小吴同学逐渐学会了克制自己的情绪，学会了迎难而上，渐渐适应了校园生活，变得阳光而快乐。再看，当你走进教室，发现爱翻他人物品的学生小 A 又在乱动讲台上的红墨水，并用它染红了指甲，该如何接招呢？柯伟老师在《如何保护低段孩子的好奇心》一文中就阐述了这个案例。她巧妙地教育了孩子，像保护荷叶上的露珠一样，小心地呵护着孩子的好奇心……

端坐窗前，静静阅读，一个又一个的生动案例活生生地展现在你的面前，你不禁会被教师们的智慧折服，更会读到文字背后教育工作者的那份拳拳责任心，那份沉甸甸的爱心！

当然，本书的作者是一线教师，他们拥有丰富的教育经验，但缺少高深的理论修养，是真正的“草根”。因此，本书一定有很多粗陋之处，恳请读者多多包涵，并不吝赐教。

掩卷小憩，再看窗外的山坡，微风中，阳光在草叶上跳舞。五月的草啊，如此蓬勃！

草根的力量，值得敬重！

编者

2020 年 5 月

目 录

同伴交往——互帮互助促成长

师生关系——温暖相交谱乐章

家校合作——携手同行护新苗

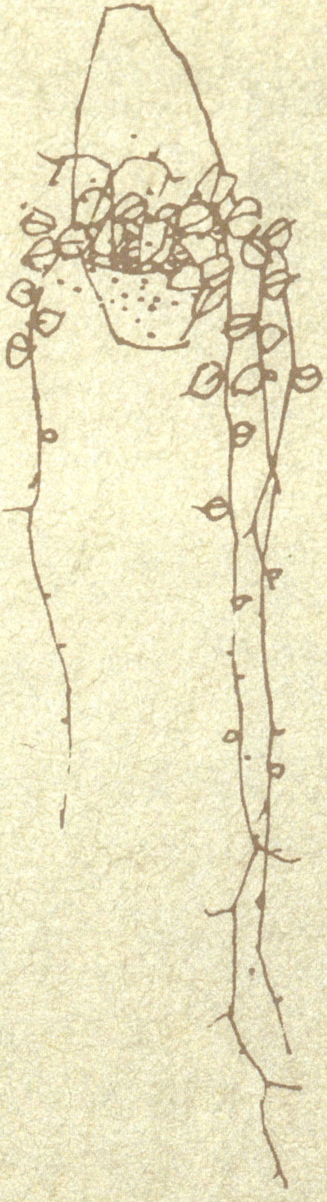

同伴交往

互帮互助促成长

如何面对班级“小商人”

针对小学生的教育，有两件事尤其重要：一是培养学生良好的行为习惯；二是培养学生正确的思维方法。在小学教育的岗位上，我愿脚踏实地、默默无闻地努力做好这两件事，促进学生健康成长，为他们的幸福人生奠基。

——王春余

每一个孩子都是不一样的生命个体，他们的遗传基因、家庭环境、所受的教育影响千差万别，塑造了他们的千姿百态。作为教育工作者，面对通常意义上的优等生，我们充满爱心、心存宽容；面对那些特殊孩子，更应当要有专业自觉，从内心深处对他们一视同仁，针对他们的特点和缺点，有的放矢，因材施教，开展深入细致的工作，做好“学困生”的转变工作。

在我教过的班级中，就有这样一个特殊的小男孩——希希，通过努力，他成功地发生了改变。

来者何人

希希聪明活泼，在班级中年龄最小，却富有主见，服从道理，不盲从权威。他出生在一个经商家庭，爸爸妈妈、外公外婆都做服装生意，有市场的实体店，也有网店。希希爸爸还是一名服装设计师，自己设计款式，自己打版，然后到服装厂生产，自己营销。希希爸爸的生活富有传奇色彩。他出生在一个贫穷、偏僻的小山村，童年时代父母离异，又因为学习差，生活是灰色的。成年后，他来到杭州，凭职高学习的一点技能，为服装厂做设计。后来，经过几年的积累，他自己开了服装店，成了家。正当生活略有改观时，最大的客户卷款逃走，使他几近破产，而且还被讨款者拍砖，头破血流晕倒在马路上。幸好有好心的过路人帮忙，把他送到医院抢救回来。但困难、挫折并没有压垮希希爸爸，这些年他不断奋斗，设计的几款服装因为富有创意，销量喜人，成了“爆款”，有了经济实力后他在市场旁边买了一套学区房，落户杭州。希希爸爸经常会和孩子说自己的经历，包括小时候的贫穷、工作中的挫折以及自己的创新设计带来的巨大财富。希希从小生活在这样的家庭里，课余时间也常常在市场游玩，见到最多的就是进货拿货、讨价还价、支付宝付款等，因此希希拥有比同龄人更强的经济头脑，自己去花鸟市场买仓鼠还会讨价还价。希爸希妈在家庭教育中也会经常用到经济手段，比如洗一次碗奖励五元，拖一次地奖励五元……希爸还让可爱帅气的希希当童装模特，拍了照片挂在网店首页……

倏然见招

中午，刚刚走进教室，几个同学就围过来告状：

“老师，希希又在卖水晶泥了。”

“对对对，希希卖水晶泥，作业不做，数学老师批评他，他还不服气。”

听到告状，我不禁生起一股怒气。这个希希，真是个不折不扣的“小商人”。要知道，在这之前，他曾经几次在班里卖过“商品”。第一次是二年级下学期时，当时我还不相信，因为平时我都提醒家长，也教育孩子，不要带钱到学校里来，他们怎么会有钱买东西呢？后来一调查，情况属实。不过，我也没有太在意，在班里讲了讲，简单地制止了这种现象。第二次是前不久，因为科学课上要观察蜗牛，这个希希，竟然在下课时跑到楼下的绿化带中捉蜗牛，捉到蜗牛就一元钱一只卖给同学。其他几个男孩见有利可图，也仿效着捉蜗牛卖钱，好几次下课时，班级里总有几个孩子不见了，催他们交作业，没做；叫他们订正错题，没人。几次下来，这才有人告知实情：他们忙着捉蜗牛、卖蜗牛呢。这一回，我狠狠地在全班同学面前训斥了他们一顿，批评他们将教室这一方学习的净土变成了市场，而且影响了学习，所以立下班规：谁再带钱来学校参与买卖，两个字——没收！在这样的强压之下，班里总算风平浪静了。可是，没想到今天又出现了，堪比“春风吹又生”的草啊！再看看希希的学习，作业本上几个字歪歪扭扭，错别字连篇，平时的测试成绩也常常在班级中倒数，让人直摇头。

我马上让人把这个“小商人”找来，向他询问情况：“听说你又卖水晶泥了。这次卖给了谁？多少钱？”

希希眨眨亮晶晶的眼睛，朗声说：“卖给了诺诺。小的卖 3 元，大的卖 5 元。她买了大的，5 元。”

“明明说过不准买卖，你怎么又卖？”我质问道。

“我们又没有带钱。”希希看了我一眼，一脸无辜的表情。

“那你们是怎么付费的呀？”我好奇地问。

“我……我们是通过 QQ 转账的，没有带钱到学校来，为什么不可以买卖东西呀？”希希还是一副理直气壮的样子，“我买的做水晶泥的原材料花了很多钱，爸爸说再不用就要过期扔掉了，所以我又把它们全拿出来，做好了来卖，以便收回本钱。”

连 QQ 转账都用上了，还知道原材料过期，成本核算，这家伙，不愧是精明的“小商人”。

“那你赚了多少钱呀？”我好奇地问。

“20元。”希希有一点得意了。

“才20元？”我带着点不屑。

“20元还少呀？”希希十分认真地反诘我，“对于小朋友来说，这已经是很大一笔钱了呀。”

怎么样？你不得不佩服这个“小商人”的脑子，真有经商的天赋呢！说不定将来是个大企业家呢！可问题是，孩子现在毕竟还小，是学习基础知识、为人生奠基的年龄啊。缺乏对学习的正确认识，错过了学习的黄金时间，钻进了钱眼里，岂不是本末倒置？这样看来，前几次卖东西，我的处理都太过草率，没有触及孩子认知的盲点，没有深入他们的内心世界。这一次，我决定要好好地寻思寻思，让孩子认识到自己的问题。

迎招而解

1. 和孩子谈心

对于这样一个有主见的孩子，必须用心地、真诚地和他交流，因为孩子的心弦只有用心才能被拨响。

经过慎重的思考后，我带希希来到办公室，请他坐下来，然后很诚恳地说：“希希，我很佩服你，你是‘小马云’啊，小小年纪这么有经济头脑，居然能挣到钱了。”

希希得意地笑了笑。

我话锋一转：“不过，老师觉得你是赚了一点点小钱，赔了一笔大大的钱，亏大了。”

“怎么说呢？”希希这下不理解了，瞪大了眼睛。

“你看，你是赚了20元钱，没错。但是你知道吗？有一天我和你爸爸在一起，你爸爸看了我们班同学思思的字，对我说：‘老师，如果谁能把我家希希的字教得像思思的一样好，我给他几万元钱都可以。’你看，你爸爸想让你假期里去上写字培训班，花几万元钱都舍得呢。如果你认真学习写字，把字写得端正美观，那么你爸爸的几万元钱就可以不用给别人了吧？”

希希听懂了，低下了头。

“所以，你的目光要看得远，不要只看着现在一点点小钱。现在是学习本领、打基础的时候，好好学习才是最大的赢家。所以，我们先努力学习好吗？”

“知道了。”希希若有所思地点点头。

2. 指导家长表演

解铃还须系铃人。希希的问题根源在家庭教育，所以必须和希希的家人及时沟通，取得他们的配合。

希希走后，我立马给希希爸爸打电话，告诉他今天发生的事情以及刚才和希希的谈话内容，要希希爸爸务必配合，今晚演一出戏。

“演什么戏呢？老师，你说，我听你的。”希希爸爸很配合。

“今天希希卖水晶泥的事你就假装不知道。等希希写完家庭作业的时候，你去检查他的作业，检查时要看着他写的字，很由衷地对他说：‘儿子啊，看看你的字，我真难过。我看到过你们班上思思的字，那么漂亮。儿子，如果谁能把你的字教得像思思的字一样好，我给他几万元钱都愿意啊！'"

"明白，明白！"希爸心领神会地笑道。

"然后你可以和他算算最近送他上培训班花的钱，告诉他现在的主要任务是学习。建议你们开个家庭会议，一家人统一思想，必须要传递给孩子正确的观念：知识是最大的财富，人才是最重要的财富。"

3. 引伙伴监督

第二天，希希来学校后，我特地在批改他的作业时请他过来，指着他略有进步的作业，用夸张的表情和语调表扬他："哇，今天希希的作业进步巨大啊！看，书写端正多了，特别是这个'舞'字，笔画很多，很难写，你写得那么端正，布局那么均匀，比老师还写得好……"说完，我在"舞"字旁边打了两颗鲜艳的五角星。

希希开心地咧开了大嘴。

"这比赚二十元钱还幸福吧！"我打趣道。

"嗯嗯！"希希点点头，"我爸爸昨天还在我书桌前贴了一句话——'知识是最大的财富'。"

"你爸爸太有才了！这句话简直是名人名言啊！我要把它和大家分享。"我郑重地表扬他。随即，我组织大家进行了一次讨论："同学们，昨天晚上，希希的爸爸在希希的书桌前贴了一句名言。请希希来告诉大家。"

希希乐滋滋地念给大家听。

在众人的掌声中，我说："昨天，希希还在卖水晶泥，并为赚了 20 元钱而高兴。现在，他已经懂得了‘知识是最大的财富’这句话的道理。大家看，这是他昨天的作业，写字有了很大的进步，尤其是这个‘舞’字，得了两颗星呢！”

教室里又爆发出一阵热烈的掌声。

“希希，今后你在学习上有什么打算？”我用鼓励的目光看着希希。

“我……我要好好学习知识，要打好基础。”希希响亮地说。

“说得太好了，大家都听到了啊，从今天开始，希希不做‘小商人’了，他要好好学习知识，这样的希希才是目标远大的希希，将来他说不定会超过马云呢！希望同学们以后也督促、帮助希希，提醒希希，记住今天的话，好好努力学习。”接着，我又指出，因为希希特别有经济头脑，六一节的爱心义卖活动将由他来担任主策划，老师还想请他来管理班级的奖励卡和代金券。

同学们都朝希希投去了羡慕的眼光，希希的小眼睛也亮晶晶的。

解招而归

希希在进步！而且很明显。希希也没有再在班级里做过一次买卖。原本完成作业拖拉、马虎的他，现在做作业快了，书写端正起来了。在家里帮爸爸妈妈做家务，再也不要求用金钱来做奖励了。他还取得了不少的荣誉：学校艺术节，他的硬笔书法作品获得三等奖；“和乐杯”作文竞赛，他获得了二等奖；期末考试中，居然超过了平均分。希希爸爸曾经苦恼至极：“我要求不高，不敢奢望他和大家一样优秀，我只要他不要倒数就好，可是……”我暗暗加了一回语、数、英、科四门课的总分，他居然已经前进了近20名。更重要的是，他保持着一种积极向上的劲：上课时，他听得最认真，发言最积极；做作业时，他一笔一画，写得一丝不苟；学习上有不懂，他马上主动去问老师……

当然，他的经济头脑依旧有用武之地：在六一节义卖活动中，他灵活机动，采用“买就送”“买一送三”“限时打折”等策略，搅动了整个义卖场，成了本次义卖的“经商大亨”；他帮助老师打理班级奖励卡和代金券，工作井井有条，清清楚楚，使我省了不少心，成了老师的好助手……

《论语》中说，教育要“晓之以理，动之以情……导之以行”，反思希希的转变过程，有这样“三巧”可以借鉴：巧晓理、巧动情、巧导行。

1. 因人而异巧晓理

对希希这样的孩子，不宜对其简单禁止，而要因势利导，晓之以理。

晓之以理是用语言去教导人的一种方式，目的是对受教育者讲明道理，解其惑，通其心，使受教者明之，悦之，信之，服之。

“晓之以理”要巧，就是要灵活机变，根据学生的不同年龄、不同思想、不同性格、不同处境，采用不同的方式方法，不拘一格，灵活多变。希希是个“小商人”，我就因势利导，用“亏钱”来警醒他——“老师觉得你赚了一点点小钱，丢了一笔大大的钱，亏大了。”用现实生活中希希爸爸对他身边同学的书写评价来讲道理——“如果谁能把你的字教得像思思的字一样好，我给他几万元钱都愿决啊！”“20元”和“几万元”，形成了鲜明的对比，让孩子懂得了其中的得失，明白了道理。

2. 家校合力巧动情

在教育过程中，教师不仅要晓之以理，还要巧妙地动之以情。

“动之以情”就是用感情来打动对方的心。我们知道，事物的发展是内因和外因共同起作用的结果。要实现人的转变，就必须激活内因，使之动情。希希在学校老师这里初步明了理，内心已经有所触动，回到家中，被老师“导演”的爸爸，又本色上演了一幕：我愿意为你的书法花几万元。这下，更是拨动了“小商人”希希的心弦：原来爸爸和老师说的都是真的啊！当爸爸把座右铭贴在了希希的书桌上方时，“知识是最大的财富”镌进了他的心灵。第二天，老师表扬他进步巨大，并给“舞”字打两颗星，希希真切地体会到了认真学习的成就感，的确比赚钱更幸福。至此，家校合力到位，希希情动于衷。

3. 造势扬长巧导行

在转变过程中，为了让希希把自己的认识落实到行动中来，教师的“巧”功夫花在了两件事上：造势、扬长。

造势，就是在班级中营造积极的舆论氛围。这种氛围是影响每个学生和集体的力量，也是学生自我教育的重要手段。在希希取得进步的第一时间，教师马上组织全班同学，展示希希的成长，赞美希希告别“小商人”，树立对学习的正确认识。赞美声中，教师让希希当众说一说自己今后的打算。这样，其实是在集体中营造出了一种正确的舆论，不仅对希希有行为规约和引导的作用，对大家也是一种约束和倡导。

扬长，则是基于个体的优点，为其搭建平台，展示长处，助力其发展。我们在转变希希这个“小商人”的过程中，努力发扬了希希富有经济头脑这个难能可贵的闪光点。因此，教师特地让他经营六一节义卖活动、统计班级代金券等，并鼓励他通过认真学习，打下坚实的基础，为自己的梦想奋斗；另一方面，教师还及时肯定希希在学习上的认真和进步，一个“舞”字，老师打了两颗星，并展示给全班同学看。“赏识教育”的提倡者周弘说：“优点不说不得了，缺点少说逐渐少。”我们不断地发现希希的优点，不断地表扬希希的优点，希希的自我感觉越来越好，表现得也越来越优秀。

陶行知先生说过：“你的教鞭下有瓦特，你的冷眼里有牛顿，你的讥笑中有爱迪生。”面对希希，面对更多的特殊孩子，让我们告别恶言相向，告别冷语相对，运用专业自觉，运用教育智慧，让他们拥有另一种更好的可能。

如何化解同伴关系危机

适合的才是最好的，触动心弦的才是最有感染力的。孩子无助的时候，需要的是理解而不是指责，是细无声的滋润，而不是生硬的指点。当你找到问题的症结，你会发现，化解危机的办法可以很含蓄、很温婉，比如一个温暖的拥抱、一封情真意切的信。

——许佩红

儿童间的友谊是属于两个及以上儿童之间的双向或多向关系，它是几个儿童基于共同的理想目标和兴趣爱好建立起来的。这是一种介于个体与个体之间的深入的、稳定的亲密关系。良好的同伴关系是儿童认知发展的阶梯，是儿童情感支持的力量源泉，是自我概念和人格发展的助推器，是儿童社会化的重要桥梁。

良好的同伴关系对儿童情感最大的支持是抵制孤独的侵袭。尤其是独生子女，如果缺乏同伴、没有朋友，会更容易出现孤僻、退缩、冷漠、压抑等心理障碍。同伴关系的维系是抵制这种消极的、弥漫性的心理状态的有效方法。

来者何人

童年期儿童非常重视友谊关系，其意义在于：朋友可以在学习上相互帮助，在社会交往中相互支持，在情感上产生共鸣，彼此提供解决问题和克服困难的力量，增加快乐和兴趣等。童年期的友谊将为以后发展良好的人际关系奠定基础。到小学高段，这一时期是儿童伙伴关系依从性的高峰期。他们会相互分享和帮助，会共同克服困难，还表现出一定的独立性和排他性。本文所涉及的三个孩子，都来自于独生子女家庭，从一年级开始，就结成了良好的伙伴关系，他们的友谊一直维持了整个小学阶段。

小郁，礼貌懂事，举止文雅。她是才华横溢的美术课代表，写得一手好字，绘画作品屡屡获奖。

小周，文静内向，不善言辞，爱掉眼泪。她学习努力，做事认真，是默默为大家服务的劳动委员。

小袁，天资聪慧，学习轻松，成绩最好。她文静内敛，遇事不张扬，总是一脸淡定的样子。

三个孩子的妈妈是好朋友，所以三个家庭经常一起活动，孩子之间从小就培养了感情。在班级里，三个孩子个子都很高挑，都坐在最后一排。她们一起上学、一起下课、一起上兴趣班，无话不谈，形影不离。

倏然见招

坚不可摧的友谊进入五年级后开始出现波动。

因为女孩子天生敏感、多疑，因为三个人之间有时会有另外的小伙伴的加入，并且小袁的成绩始终稳居前列而另两人的状态有所下滑，三个人的小团体时常瓦解成两个人或一个人。有时是小周和小郁同进同出教室，有时是小袁和小郁在一起窃窃私语，有时是某一个人孤单落寞地坐在座位上默默发呆。

在教室的最后两排，坐着一群不甘寂寞的男生——老是趴着的小马，冷不丁还会大叫一声吓人一跳；老是瞌睡的小赖，一写作业就不时转身讲话；爱搞恶作剧的小文，眼睛总是骨碌碌地转，寻找着下一个要捉弄的对象；小魏笑点极低，芝麻绿豆的小事就会哈哈大笑。面对这几个男生，小袁总能独善其身，不温不火，不急不躁，将噪音置之度外，守住自己那一方净土，在独属于她的那一张小小课桌上静静书写着自己的未来。她安安静静地坐在教室的最后一排，不苟言笑，极其专注。周围那些嘻嘻笑笑的小男生于她而言仿佛是另一个世界的存在。

优异的成绩，清秀的外表，使小袁像一朵亭亭玉立的荷花傲立池中。身为老师，我极其佩服这个女孩与生俱来的超强抗干扰能力。

但是有一个月，我明显感觉到那张清秀的脸上总是布满阴云，长长的睫毛掩盖不住她失落的心情。我想，也许是遇到了学习的难题，也许是和小伙伴有了误会，凭着她的聪慧，一定能自己找到化解的办法。

迎招而解

我明显感觉到小郁、小周、小袁三个人之间出现了问题，但这不同于以往学生间的矛盾，比如公开的吵架、翻脸、摔东西等。这三个孩子的心里都藏了心事，却谁都不说。我想要介入，然而当我的目光与她们中的任何一人对接时，她们都迅速地躲闪开。

策略一：家校沟通，揭示原因

直到一个周末的晚上，我收到小袁妈妈发给我的短信，才明白事情原委：小袁和两个闺蜜出现裂痕，她被另两人冷落了。起因只是三人在车上争执去谁家过周末，而小周和小郁与小袁意见不统一。这事让她觉得自己被排斥了，严重影响了她的心态。这几天她都独来独往，伙伴不主动跟她和解，下课小周和小郁出去玩也不叫她，她凑上去她们就转身走开。她觉得自己委屈，常常自责“都是我的错啦”。好朋友不理她，她内心又不想失去这份友情，难受极了，她回家以后总是哭，连睡觉都受了影响。

我知道，对大人来说，这种小事不值一提，但对一个五年级的孩子来说，没有了友谊的支撑，没有了同伴的温暖，她的世界简直要坍塌了。仿佛地球上没有花，走在冰冷的钢铁森林里，连呼吸都是凉丝丝的。

该怎样安慰孩子，怎样让破裂的友谊重圆？面对这么聪明的孩子，我知道绝不是几句话就能搞定的。

策略二：冷静思考，寻找对策

学生之间发生冲突，这是再正常不过的事情了。冲突并不全是坏事，处理得好，师生受益，共同成长。若班主任冷静分析，妥善处理，可以让“坏事”变成好事，使学生知道以后遇到类似的事该做什么、不该做什么。

这三个孩子性格都偏内向，平时连发言都很小声，不适合在大庭广众之下询问和教育，更适合“私人会谈”。不同性格的孩子，要用不同方式对待。

踌躇一晚，我决定给小袁写一封信，她极内敛，从不主动找老师沟通，不见面的交谈有时比面对面的交流更容易为人接受，因为文字可以带给人更多思考空间。

策略三：书信沟通，以情动人

我的信是这样写的：

亲爱的小袁：

你好！

不知道你今天的心情是否好一点？想起你落寞的眼神，我心里阵阵难受。

小袁，你是多么优秀的女孩啊！秀丽端庄，温文尔雅，沉着而老练，独立而执着，多少美丽的词语用在你身上都不为过。印象中你从不为小事斤斤计较、闷闷不乐，遇事总是淡然一笑，是个豁达的女孩。然而，不曾想你也有心事，有烦恼事，这点我忽略了。粗心的老师对你们这些优秀同学的关心不够啊，我很自责。

我知道你和小周、小郁是好朋友，你们的三位妈妈也是好朋友。你们经常一起活动、聚会，像一家人一样，这多令人羡慕啊。

可是生活不会一帆风顺，难免有波澜起伏。好朋友之间有时也会有误会，有争吵，有嫉妒，有隔阂，这是很正常的。也许过了几天，时间冲淡了一切，化解了误解，你们互相谅解，又和好了。

你们三个，是我们班的优秀学生，是大家学习的榜样。你们又各有特点，相互学习，可以如虎添翼，进步更快。既然是好朋友，有什么委屈，有什么不解，要开诚布公地说出来，不要让误会越积越深，更不要说一些丧气话，打击自己。比如“都是我不好啦”“全是我不对啦”“你们都没错都是我的错”等，这样的话，会让大家都不痛快，更会让友谊蒙上阴影。

有时，眼睛看到的不一定是真相，而只是事情发展的一个片段，至于起因是什么，之前发生了什么，你并不了解。所以要耐心询问，彼此沟通。比如，你看到她们两个一起聊天、一起玩，没带上你，你就担忧她俩冷落你、疏远你，这也许是你不够自信，过分猜忌，也许那只是偶然。即使是她们真的疏远你，你也可以大胆地去问问："为什么你们不叫上我？"自己瞎猜，还不如问个明白，对吧？

再比如，上音乐课，小郁让某位同学调换座位，刚好涉及你身边的人、你喜欢的同学，你就认为她是故意针对你，心里很难受。可你却没问问她，当时为什么要这么换？可能是跟两位故意去打扰小潘的男同学有关。凡事不要老想着自己可能受排挤受冷落，你想想你是我们班多么优秀的人啊！没必要这样患得患失，内心强大的人，不需要在乎一时得失。

退一步说，即使小周和小郁真的更要好一些，跟你关系淡了一些，也没有什么关系呀。我们班里的好同学比比皆是。我想说，小袁，你的目光要投得远一点，不要只局限于你们的三人组合。你试着去和别的同学多交流，多谈天，一定能找到别的好朋友，我们班真的是非常正气非常有爱的团队。

小袁，你让我想起了我小时候交朋友的故事。

小时候的我，像你一样爱学习。不过我经历了三次转学，好朋友不多，知心朋友只有一两个。1—3年级时，我的好朋友是我干妈的女儿。可是她贪玩，学习没有后劲，后来我们自然而然分开了。4—5年级时，我转学到一个小镇读书，初来乍到，很是孤单。班里有一个女孩，非常漂亮，皮肤白净，眼睫毛很长，眼睛扑闪扑闪会说话。大家都很想和她交朋友，我也喜欢她。我还在周末去她家玩，走很远的路，和一群人嘻嘻哈哈，希望她那双漂亮的眼睛注意到我，也欣赏我。可时间长了，我觉得这很没意思，她喜欢我又怎样，她不喜欢我又怎么样，我还是得过我自己的生活。我很快调整了状态，专心自己的学习。后来，我又有了一位知心好友，她虽然成绩没我好，但我们很谈得来，经常一起回家，一起分享零食。可是后来，我们去了不同的中学，就分开了，现在我都记不起她的名字了，只记得她名字里有个“苹”字。你看，我这个朋友是不是很不靠谱，连好朋友的名字都记不住？呵呵。朋友嘛，是给你留下某段温暖回忆的人，不一定一生只锁定一人。

小袁，未来的道路上，会有很多精彩的事发生，会有很多出色的人出现，会有懂你的人愿意做你的朋友。不要为眼前的小事伤了神。我建议你不妨去做做下面三件事：

1. 和小周、小郁主动说说，消除误会。据我所知，她们并没有不喜欢你，你可能误会了。

2. 多看看好书。何以解忧？唯有阅读。书里的人物，书里的世界，书中的道理，会让你豁然开朗。

3. 和别的同学多接触，主动交朋友。

老师在生病的一个多月里，一边治疗一边看书，看了很多精彩的书，没有虚度那一个月的时光。更重要的是，我收获良多。我认为，即使没有朋友，有书，就不会寂寞。

小袁，希望你看了这封信，心情能好一点。另外，我还想提醒你，友谊之树要用心浇灌，猜疑、冷战是毒药。不要让你妈妈为难，更不要让妈妈替你去解决问题。妈妈可以给你建议，但与朋友的沟通要你自己去做，好吗？

祝你心想事成！

爱你的许老师

4 月 23 日

我把信以电子邮件的形式发给小袁的妈妈。收到这样一封长信，小袁的妈妈感动不已。她立刻把信打印下来，让女儿好好去读，好好去想。

那之后，我没有再去刻意找小袁谈话。因为，第二天到校，我就看到了那熟悉的笑容又回到了她的脸上。

“小袁，屏幕上的字有点小，你看得清吗？”

“看得清！”

“小袁，后面有点吵，要不调到前面来坐？”

“不用不用！”回答轻松，满眼含笑。

我就知道，跟聪明人打交道就是这么容易！

小袁妈妈悄悄告诉我，那晚孩子看了我的信后，大哭了一场……我知道那是聪明的孩子打开心结的一种方式。

解招而归

经过这次事件后，我看到小袁的眼睛又焕发了神采，她和两个朋友也和好如初了，她们三个又在一起说说笑笑了。经历了争执、冷落、猜疑、煎熬后，她们更珍惜彼此的友情了。

学生的年龄、社会阅历、心理特征决定了他们在学习、生活中难免存在这样或那样的认识偏差，从而发生矛盾。指导儿童处理好伙伴关系，有助于儿童心理的健康成长，有助于营造良好的班级氛围，体现以人为本的教育理念。

作为班主任对这种事件不能回避、视而不见，要积极面对、与家长及时沟通。找到原因后，要入情入理、循循善诱，促进问题的妥善解决。教无定法，没有谁规定一定要用什么方法来解决一类事情，只要是合理的、有效的，就是好的。一次推心置腹的谈话、一个温暖的拥抱、一份小小的礼物、一次及时的家访，亦或一封情真意切的书信，都可以是师生之间交流的法宝。

泰戈尔说：“不是槌的击打，而是水的载歌载舞，使鹅卵石日臻完美。”我相信这封信对于学生而言，是触动她灵魂的涟漪，会留在她的记忆深处。

如何帮助学生克服沟通障碍

每一朵花都独特。如春天一朵小小的雏菊，并未美得惊天动地，却暗暗地散发丝丝缕缕的芬芳，恬静而温实；亦如傲寒的腊梅，人们总是等待它迟来的美丽。所有的生命，都在自己的生存空间里，用自己独有的姿态绽放。我们面对的孩子，莫不如此。尊重每个孩子，走进孩子的心灵，适时适度沟通，就如同走进了色彩斑斓的春天，感受不同生命的美好。

——周琮

生活中无处不需要沟通，与父母沟通，与同伴沟通，与老师沟通等。沟通是最重要的人际交往方式。大家通过沟通了解彼此，增进感情，在沟通过程中，表达自己的感受，分享快乐和经验，建立人与人之间的友好关系。

小学的学习生活更离不开沟通，沟通是教师了解学生最直接的方式，是学生和教师之间的一座桥梁。课堂教学中师生之间需要沟通交流，共同解决问题。课余，教师通过沟通来密切师生间的关系，做好教育工作。小学阶段的孩子喜欢说话，愿意与人沟通交流，总有问不完的问题，说不完的趣事，有着较为强烈的沟通欲望。但是笔者在近几年的教育教学中，发现有个别孩子渴望交流却不知道如何跟同伴交流，不懂得交流的方式方法，存在一定的沟通障碍。久而久之，这些学生会变得更加沉默，有的甚至和同伴零交流，在班级中，显得形单影只，融入不了集体的生活，长此以往，这些孩子的正常学习也会受到影响。

来者何人

S 同学究竟是一个怎样的人呢？我还没有接班的时候，就已经听到不少有关他的传闻，说班里有一个很有趣的孩子。于是开学初我就找到了其家长了解 S 同学在家的情况。我了解到 S 同学从出生到现在，从来就没有叫过“爸爸”“妈妈”，以及任何人称的词语，比如“外公”“外婆”等。S 同学的妈妈告诉我，他在幼儿园也是如此，不与人交流，坚决不肯在幼儿园睡觉，每天中午吃完饭后，就要家长接他回去。在家里，除了自己看书，他也很少跟家人交流，话很少。S 同学有一个弟弟，性格和他完全不一样，有时候，两个人因为争着要某一样东西，会有争执，但 S 同学大多是用动作表达，很少说话。我再去询问了以前教过 S 同学的两位老师，她们都说，S 同学看似上课不专心，一直做小动作，但是每次的作业几乎都是全对的，小测试也基本是满分。我向其他同学了解情况，他们告诉我，大家主动和他打招呼，他也只是摆摆手，不说话；下课的时候，他偶尔会捉弄一下同伴；看见好看的书，他会直接从同学手里拿走，如果不给，他就会动手，因此大家都让着他。

倏然见招

在学校里我观察到，S 同学从不和老师、同学打招呼，你跟他说话，他不理你，只用眼睛瞟一下，转身就走，和同学相处也是如此。学校生活中，他和同学之间基本无沟通，上课不发言，即便交作业，也是扔下作业就走。这些情况是沟通障碍的典型现象。

在班里，S 同学有着“特殊待遇”，上课不仅可以不听讲，还可以不回答问题，不参与一起朗读，不和同学一起“开小火车”读生字，轮到他就直接跳过。下课可以随时到办公室来“溜达”一圈。他从不叫老师，也不理睬任何同学。他甚至从来不叫别人的名字，如果要找同学了，他只说学号，或者说他是几组几号的。他总是一个人，下课了，要么看书，要么到办公室里来“溜达”一圈。

为了弄清S同学表现怪异的原因，我开始观察他的行为，并做了记录。

8月31日　星期日　晴

开学报到第一天，孩子们看见我都很陌生，不少孩子围上来询问我的名字，我也随机询问他们的名字。人群中，我看见一个1米30左右个头、圆脸的小男孩，他紧锁眉头，斜着眼睛看着我。我问他："你叫什么名字？"他一声不响地看着我。我说："你好啊，我是周老师，你呢？"他还是斜着眼睛看着我。旁边的同学告诉我，他从来不叫别人的名字的，连自己的名字也不说的。我摸着他的头说，那就叫我老师吧。他还是没有回应。这是我和S同学的第一次见面。

9月11日　星期四　晴

上了两天课，我发现S同学课堂上一直在做小动作，玩铅笔，玩橡皮，拿着尺子和橡皮搭积木。课堂上也不举手回答，"开火车"读生字词活动上，同学们也会跳过他，他也理所当然地坐着不说话。做室内操、眼保健操、早读，都只管自己做小动作，提醒他也不理会。吃饭的时候，他总会出去溜达一圈，等到最后才来盛。吃饭动作很慢，会有剩菜。下课的时候，他有事无事就会到我办公室里来转转，又一声不响地出去了。每节课后来办公室转转，成了他的家常便饭。

9月25日　星期四　晴

上午第三节是体育课，班级学生在走廊上排队时乱糟糟的，体育老师在整队。我看见S同学居然坐在地上。我上前询问原因，原来体育老师要求排队，S同学没有排到队列中，老师要求他改正，他耍赖皮，坐在了地上，任凭老师怎么叫，他都不理不睬。看到这样的情形，我让体育老师先带队下去，我来处理。可是没有想到，他看见班级队伍走了，自己拍拍屁股站起来，追上了队伍，把我一个人留在了走廊上……

10月30日　星期四　晴

每一次批阅S同学的作业，总让我觉得很奇怪，一个上课一直做小动作，从不发言回答问题的孩子，每一次的作业正确率却极高。数学老师也经常说，二年级的题对他来说，小菜一碟。于是，今天我做了一个小实验，故意在他的本子上批错一道题。没有想到，一下课他就来找我了，说我批错了，但是只说了几个字，就又走开了。

……

几周下来，我总结了他的脾性：个性倔强，特立独行，有沟通障碍，对人有距离感，缺乏安全感，有强烈的自我保护意识。他记忆力惊人，喜欢看书，有强烈的求知欲，乐意帮助老师做一些事情。

迎招而解

经过了解后，我仔细分析了S同学的个性和特点，以及身边老师对他的教育方式，决定帮助他走出沟通障碍的阴影，使他学会和老师交流，和同学产生沟通欲望，消除他和同伴之间的距离感，融入集体生活中来。

第一步　打破惯性思维

S同学在学校里表现出来的这些特殊的行为，造成了他的“特殊待遇”。于是，他认为不和老师问好、不和同学打招呼、不和大家交流，这样做是可以的。同学认为，他这样做，也是无可厚非的，他就是这样一个特殊的孩子。于是，我需要打破大家的思维定势，一起合力帮助他，让他走出沉浸其中的自我世界。

下课了，我把他叫到身边，询问他是否是一个特殊的孩子，他很抗拒地说：“我不是！”我就开始列举他的种种课堂表现，做操的情况，下课的状况，并坚决地告诉他：“你就是一个特殊的孩子，你的行为是特殊的。”他狠狠地回答我：“我不是！我不是！”然后极为生气地走了。

通过这一次交流，我发现他其实很在乎老师和同学对他的评价，他内心孤单，或许他愿意和同学一起学习，只是一些特殊行为，带给了他“特殊的待遇”，他自己也乐意接受。

于是，当学生们做操，S同学坐着自顾自玩的时候，我悄悄地在他耳边说：“不可以特殊哦。”他会慢慢地站起来，即便不跟着节奏做操，但也不再像以前那样只管着自己玩。课堂上“开火车”读生字词活动时，起先他不愿意站起来，我悄悄地在他耳边说：“和大家一起做，才不特殊呀。”他听了，也会站起来跟着读一读，声音并不响亮，但已经有了进步。通过提醒和关心，他知道，自己的行为要和同学一样，不能搞特殊化，就这样，在无形中打破S同学原先形成的与人相处的思维模式，使他慢慢融入班集体。

第二步　建立彼此信任

S同学的行为有了些许变化后，我不仅时常提醒S同学在课堂内外的行为要和同学保持一致，还会在他听了我的意见并改正自己的行为后，加大力度表扬他。两个月后，S同学和我亲近了许多，似乎渐渐消除了对我的戒心。每次批改作业的时候，他会站在我身边，看着我批改；发放本子的时候，他会主动走到讲台上，帮着我一起分发。有一次，在批改课堂作业本时，有一个错别字我没有发现，S同学拿着本子，指着那个错别字，提醒我：“这个字是错的。”我笑着跟他说：“S同学，我的小助手，太强大了！”他腼腆地笑了笑，走开了。

有趣的事情发生了，此后只要我在讲台上批改作业，S同学就会来站在我身旁看着我批改，也会“指指点点”地说几句很简短的话，“这个字不对”“这里有错”等。下课时，他跑到办公室里来，不再是逛一圈就出去了，而是会在我身边，跟我说：“还有两分钟。”我就明白，他是来告诉我，还有两分钟就要上课了，可以进班级了；收课堂作业本的时候，他会跑过来跟我说，几组几号没有交作业。他看着我开关教室电脑，第二天，他就会提前帮我开启电脑，到了放学，他也会帮我把电脑关了。S同学就像是我的小影子，只要我在哪儿，他就会在哪儿，成了我最得力的助手之一。我也乐享其成，而且我和 S 同学建立了一份默契。我能够从他说的几个简单的字中，读懂他想说的话。而他也总在我需要帮助的时候，过来帮我的忙，有同学说，S 同学就像是我的儿子一样。而我和 S 同学的沟通，慢慢地顺畅了，我们也逐渐建立起了彼此间的信任。

第三步　平等民主的班级氛围

S 同学的变化让不少同学刮目相看。他和我之间的沟通障碍消除后，我开启了第三个阶段的教育：让他和同学之间建立起正常的沟通关系。我经常在课堂上表扬他，表扬他作业认真，学习优异，说他是学习能手，语文数学上的问题，没有他解决不了的。表扬他主动帮助老师做事，是个乐于助人的孩子，在同学面前为他造势。神奇的事情发生了，下课的时候，班里不少同学会围着他，请他解答题目，他也非常乐意地去帮助同学。虽然还没有情感上的沟通交流，但同学们已经开始接受 S 同学，他和同学之间以前如冰山一样的关系，渐渐融化了。

之后，他只要看见谁有困难，就会主动去提醒和帮助同学。看见班级有什么问题，会第一时间到办公室来找我，告诉我，虽然话还是不多，但是已经可以主动地说几句了。他对待同学也不那么冷漠了，上课也可以跟着同学一起参与“开火车”读生字词活动，老师请他回答问题，他也会和同学一样，站起来回答。班级搞活动时，他也会主动帮着做事情。在这样的氛围中，S 同学开始和同学有了简单的交流。他在班集体中找到了归属感，这样的归属感，让他觉得很安全，心里的隔阂也渐渐消除了。虽然话还是不多，但是他不再抗拒与别人说话，也不抗拒同学找他说几句。有时候，他还会主动找同学说话，边说边笑。他的笑容依旧腼腆，和我聊起天时，他会对着我笑，我偶尔去抱抱他，他也不抗拒了。在班级同学的互帮互助、集体氛围的感染下，S 同学有了明显的改变，不再惜字如金，不再吝啬沟通。

解招而归

自和 S 同学相处的一个学期来，我身边似乎已经少不了他了。在教室里，他总会在我需要的时候，给予我帮助。在体育课上，他不再单独地离开队伍，会站在队伍中和同伴一起活动。他在班级里不再那么“扎眼”，那样“引人注目”了。期末的时候，S 同学的家长特意来找我，说 S 同学很喜欢学校，他每天都会早早地起床。家长的这番话，令人欣喜，S 同学确实改变了。

在 S 同学的教育过程中，我不走平常路，根据他的个性和特点专门定制了教育方法。在 S 同学的教育中，我也是一个受益者，这一过程中的尝试和实践，让班主任工作变得更加快乐和有效。

每一个孩子都是独特的个体，所表现出来的行为方式都会不同，像 S 同学，不善于沟通交流，存在沟通障碍。面对一个什么都不说的孩子，老师首先要能沉住气，观察和了解孩子，了解孩子的性格、脾气、成因、喜好，寻找孩子产生问题的原因，对症下药展开教育，这比一味地说教、批评更能够获得孩子的认可。

古希腊的希波克拉特提出了气质体液说，认为人体含有四种体液：血液、黏液、黄胆汁、黑胆汁，有机体的状态决定于这四种体液的适当搭配。这种观点经过不断演化，逐步形成了气质按体液特性可以划分为多血质、黏液质、胆汁质、抑郁质四种类型的学说，人们因为不同的气质类型，产生不同的性格特点。

在近 20 年的教育过程中，我观察过不少孩子，有的孩子内心很强大，严厉的教育对他来说可以接受；而有的孩子自尊心很强，需要轻言语。班主任老师在教育教学过程中，需要根据学生不同的气质类型进行“私人订制”，不能用一刀切的方法。在与男生和女生交流时，方式需要不一样；在对待性格开朗和性格内向的孩子时，处理的方式也要有所不同。文中提到的 S 同学的性格属黏液质的特点，属于性格内向的男孩子，在教育中教育者要抓住这样的特征，运用恰到好处的教育方式去处理，才能达到意想不到的效果。

在教育过程中，难免会遇到几个棘手的孩子。教师要沉下心去观察，真正地去了解孩子，运用恰当的方法去引导，静心地陪伴孩子。当教育者真正走入学生内心后，相信学生会在某一天，某一个事件的教育中，有所领悟，并慢慢地发生变化。愿每一个教育者能够用教育的爱心与期待享受育人过程中的快乐。

如何建立同学友爱关系，促进集体融洽

教育因爱而美丽，生命因爱而常青，潜心于育人的崇高事业，引领着学生们朝着理想进发，终日与学生在一起，陪伴他们成长，这就是班主任的幸福所在。

——傅利平

教育家马卡连柯提出，集体主义教育和原则是在集体中、通过集体、为了集体。我觉得可以把集体作为班主任教育的工具，通过集体去影响、转变班级的每一个成员。一个优秀的班集体常常具有良好的学习氛围，能调动各层面学生的学习主动性。同学之间也是团结互助，学生有着较强的集体意识。学生在班集体中不断积累集体生活的经验，发展自己的志趣和爱好，而且学会合作，学会交往，学习做人之道，从而促进学生良好思想品德和个性品质的形成。同时，一个友爱融洽的班集体也能促进学生提高自我教育的能力。

来者何人

305班的孩子们经过两年的学习，已经成为了中段的学生。学习的内容也从单纯的语数两门增加到语数英科四门。随着课业负担的增加，班级同学的学习成绩有了明显的分化。其中有四个男生在语文、英语的学习中存在比较大的困难，有两个女生则对数学的学习明显感到吃力。还有几个学生对于科学的学习一时间感到难以入门。孩子由于成绩的原因出现了烦恼，有自卑的，有自暴自弃的，有丧失信心的，有行为怪异的……

倏然见招

班级小干部往往也是成绩佼佼者，这些同学无形中在集体中形成了优越感，在管理班级时也会出现高高在上的气势，小部分成绩落后者本来就有自卑心理，班级这种氛围对他们性格的形成有着非常大的危害。针对这一现象，一定要尽快尽早改革班级管理制度，创建融洽和谐的班集体，以利于学生身心的健康发展。

迎招而解

学生所处的学校教育环境毕竟是一个比较单纯的地方，班主任除了文化课传授知识之外，还得管理班级中的各种事务，因此是与学生们相处最多的老师，班主任的自身素养对学生的影响也是显而易见的，总结多年的管理经验，我采取了以下方法促进和谐融洽的集体的创建。

策略一：变革称呼 融洽关系

在班级中有班长、副班长、中队长、副中队长、学习委员、宣传委员等带有“长”“委员”之类的称呼。这与单位中对领导的称呼类似，因此才有“小干部”一说。我查找了“干部”一词的释义。干部：1. 指国家机关、军队、人民团体中的公职人员（士兵、勤杂人员除外）。2. 指担任一定的领导工作或管理工作的人员。显然，班级中的这些“干部”所做的并非释义中所指的工作，他们更多地是帮着老师做些班级中的日常事务。为了建立学生间一种平等的关系，我果断地改变“小干部”的称呼，称之为“小助手”。这个称呼非常符合学生的身份，“班级小助手”“老师小助手”一听就是在为班级做事的，而不是高高在上的管理者。班级里涌现了一批小助手，大家都主动为班级服务，树立为班级服务光荣的思想，淡化及至消除学生印象中地位的高低之分。

策略二：不唯成绩　人人参评

评选小助手时不唯成绩论，以能为班级服务树立第一意识。因为学生成绩、分数的高低与想为班级服务的思想并不对应也不对立。班级里只要想为集体服务，有关心集体的意愿的人都有资格参评，帮助有为班级服务思想的同学实现自己的理想，这也进一步让学生在班级中找到了自己的价值。为同学服务者得到同学的尊敬，从而也增强了自己在各方面的自信心。因此，每学期初的班级“小助手”推选及评选大家都非常积极主动，参与率达到90%。涌现出一大批热心为班级服务的小助手，有的岗位甚至设有人员3—4人。实践中也确实能感受到有的学生虽然学习有一定的困难，但是工作的责任心还是很强的，这大大改变了他们在老师及同学心中的形象。

策略三：扬长避短　建立自信

不管怎样，作为一名学生，成绩始终是十分重要的，在班级中要积极寻找学习成绩落后的孩子身上的闪光之处，扬长避短，使这些孩子也能受到老师的青睐，帮助他们建立自信，最后这些孩子都在班级中高兴地找到了自己的服务岗位。

下面我就举几个比较典型的个案：①班上一名郑同学，由于年龄偏小，注意力、理解力、记忆力等都略有不足，以致成绩落后。但经过接触了解，发现这孩子特别诚实，体育运动能力在班上也是出类拔萃的。手工陶艺在班级中更是首屈一指。于是我在班上积极宣传他的闪光点，同学都对他刮目相看，帮助他在同学面前建立了自信；②还有一位潘同学，也是年龄偏小，学习上有畏难情绪，所以成绩一直上不去，但偶然一次我发现他劳动特别积极，我把我的发现告诉大家后他就更努力了，扫地、清理垃圾等事他都冲在第一个，表现出强烈的责任感，在同学心目中树立起了自己的形象；③另一位黄同学书写上有一定的障碍，这导致他在学习上有一定的困难，但在上课中我发现他朗读能力特强，回答问题口齿清楚，声音响亮，有一定的逻辑。于是我常暗示大家，黄同学有一张能干的嘴巴，由此，尽管成绩落后于大家，但他在课堂上表现得非常自信，博得了同学的好评；④林同学学习上理解能力比较弱，因此成绩也一直徘徊不前，但是她写得一手漂亮的硬笔字，国画的水平也是班中最高的，还在江干区天堂儿歌的比赛中获得个人二等奖，我就以此建立她的自信，同学们也都佩服她、羡慕她。

这几位同学分别在班中担任了“体育助手”“劳动助手”“朗读助手”“文娱助手”。

当然班上这样有着自己闪光点的同学还有很多，因此谈论起自己的同学时，人人都会被夸奖一番。班上对于同学的评价开始不局限于唯一的分数了，都以为班级做什么服务工作而自豪，这是我心目中理想的状况。有了这个良好的基础，评选小助手的场面也变得很温馨。班上评选出了一大批积极为大家服务的小助手，在同学们的掌声中自豪地担任起自己的职务。

策略四：目标明确　舆论正确

一个班集体一定要有适合自己的班集体目标。这个目标是在老师和全班同学共同讨论的基础上确立的。一般可分为期初目标、期中目标和期末目标。当然在实施的过程中也可以不定期地修正完善。班级成员之间分工明确，小助手在老师和同学之间就是桥梁与服务者。他们认真地完成自己的工作，同时也在工作中不断提高自身的能力，体会到为集体服务的意义与快乐，在集体中追求个人的发展，因此，整个班集体都呈现出蓬勃向上的态势。

有着优良班风的班级一定有正确的集体舆论。班主任平时应通过谈话课等帮助学生确立正确的是非、善恶、美丑、荣辱等观念，组织学生积极参与学校各学科节，如艺术节、科技节、语文节、数学节的活动，帮助学生形成集体荣誉感和责任感。

解招而归

经过努力，整个班集体中同学之间、师生之间关系融洽，大家自由、平等地和谐相处，愿意为大家服务的小助手大批涌现，大家都有着强烈的集体荣誉感。在这样的班集体中生活，学生老师都感受到了幸福。但孩子们有时也会因成绩不理想而闷闷不乐，每当这种时候，班上的同学都会主动安慰。课后，我也经常会拉着他们的手，和他们聊学习、聊生活，默默地向他们传递爱，因为很多家长望子成龙、望女成凤，所以这些孩子在家长那里未必能得到理解，很多的压力不是来自于学校，而是来自于家长。在班级中设立“小助手”的做法使他们感受到自己在老师心中的地位，他们也坚信老师对自己充满信心。当然，这还不够，我觉得还应利用谈话课、思品课、班队活动课等，通过多种形式让孩子们了解自己的同学，并引导他们用欣赏的眼光去看待自己的同学，这样会更有利于学生的发展与提升。

教育因爱而美丽，生命因爱而常青。班主任工作是一门需要不断学习、不断创新的工作。我愿心中怀揣着爱，在爱的智慧启迪下，引领我的学生们朝着理想的方向前进。

如何改善生生关系

教育的全部秘诀就在于如何爱护儿童。

——戴娅军

校园人际关系包括师生关系、生生关系、教师人际关系。良好的人际关系能促进集体成员和睦相处，增加生活学习乐趣，提高学习效率，促进集体成员奋发向上，从而形成良好的集体氛围。在构建融洽和谐师生关系的同时，生生关系也是不容忽视的。良好的生生关系能够使学生产生安全感和被重视的感觉，抵消在学习中产生的害怕、孤独，甚至自卑的情绪，同时，也能促进孩子的社会性发展和有利于良好意志品质的培养。

来者何人

小丁，一个有点古怪的男孩，智力不俗，接受能力较强，但成绩糟糕。平时人比较安静，不多言语，不善交流，但敏感冲动，会因为同学的一句话、一个小动作与他们发生冲突，从来不愿意吃半点亏。“不要以为我好欺负！”成了他的口头禅，因此在班里人际关系很差，经常与同学发生冲突，同学们都不爱与他们交朋友。与小丁家长沟通时，家长往往也是一味维护自己的孩子。小丁的个人卫生习惯差，但集体荣誉感强，为班级打扫不遗余力。如何帮助小丁改善和同学之间的关系，笔者在教育实践中进行了一些探索。

倏然见招

三年级某天放学之后，笔者收到小丁同学妈妈气势汹汹的来电，称自己孩子的葫芦丝在音乐课上被另一个男同学敲破了，她打电话给对方家长，没想到对方态度很差。于是她才打电话给我，要求严肃处理该男同学，并做出相应赔偿。因为不了解事情的原委，我暂时没有答应小丁家长的要求，提出调查了解后第二天再给她答复。之后我马上联系音乐老师和另一个学生，了解到在音乐课吹葫芦丝时，小丁用自己的葫芦丝去打另一个学生的脑袋，另一个学生为了自保，就用葫芦丝去挡，在挡的时候造成小丁的葫芦丝破裂。那么，这应该属于正当防卫。我心中有了底，打算到校后再向周围的孩子做一个了解。第二天，不等我答复，小丁的妈妈已经到办公室来找我了。她明确来意，就是来要一个我对这件事的说法。

迎招而解

要一个说法？这么气势汹汹，分明就是来向我兴师问罪的！因为她的眼里分明透露着和她孩子一样的眼神：别以为我好欺负！

策略一：多方调查，不偏不倚

尽管看她来者不善，我还是耐心地把了解到的事情经过从头到尾讲述了一遍。她不相信，只是反复强调自己的孩子有多弱小，才受了这样的委屈，并批评另一个孩子和家长有多么霸道不讲理，说话时的态度依旧咄咄逼人。我详细地向她讲述了我的调查过程：昨天接完电话后我就第一时间向音乐老师了解情况；到校后叫来坐在他们周围的同学询问事情的经过；最后找到两个当事孩子还原当时的情景，两个孩子都承认了自己的错误。“你觉得我们俩谁了解的事情更客观更全面呢？”面对我这样的提问，她的态度才缓和了许多，但还是抱怨对方家长不讲道理。我帮她分析了原因，一般的孩子都会挑有利于自己的话说，家长听到的就是片面之词，总觉得自己的孩子是吃亏的，往往看不到自己孩子的缺点。像她那样不由分说地去兴师问罪，别人当然无法接受。最好的办法是先向老师了解事情原委，再商量相应的解决办法。同时，我也表达了自己此刻的心情是不愉快的，对于她这样的行为表示无奈。她也意识到了错误，向我提出了道歉。之后，我与另一个孩子的家长沟通，说明了事情的经过，对方表示理解，并愿意承担买新葫芦丝一半的费用。经过这件事情，这两个孩子之间的行为文明了许多，交往时多了一份和谐。多方位、全面了解事情的真相，不偏不倚处理班级矛盾，是促进学生之间交往的一种有效方法。

策略二：交流谈话，走进内心

上述事件虽然得到了圆满解决，但是小丁同学“别以为我好欺负”的豪言壮语和怒发冲冠的“光辉形象”仍然不时出现在教室里，同学们依旧对其敬而远之。下课时，小丁总是形单影只。同学们玩得热火朝天时，他也会凑上前去想参与，然而大家却都会避开他，去另一个地方玩游戏，他只能悻悻地走开，眼里却透露着渴望。甚至每次春秋游分组时，都没有一个组愿意收留他。当我强调“只要有一个同学掉队，自由组合就变为集中分组”时，才会有小组去召唤小丁。即使是这样，活动当天，小丁也总是游离在他们小组之外。

每每看到这些，总是让我觉得很难过。虽然小丁时常表现得很强悍，内心却极度自卑、孤单，他想融入集体，渴望友情。我想走进他的内心，帮助他改变现状。于是，一有机会我总是把小丁叫到身边，与他悄悄地谈话。慢慢地，我了解到小丁的家庭情况比较特殊，爸爸妈妈关系不好，而且虽然一家人住在一起，爸爸却从来不管他，他的生活、学习都是由妈妈照顾。他的学习自觉性较差，妈妈又经常加班，等她回来，发现小丁的作业不是还没做，就是乱做，想让他重做，可是已经很晚，又担心他睡眠不足，只好作罢。他妈妈周末也经常加班，即使爸爸在家，小丁也是到外面买点吃的，或者吃方便面，有时候还会请妈妈的朋友照顾他一下。再细想与小丁妈妈的几次接触，我想我找到他这种个性的成因了。

策略三：观察鼓励，树立信心

了解了小丁的情况后，我对他又多了一点心疼。怎样才能改善他与同学的关系呢？首先要让他卸下坚硬的外壳，露出柔软的内心来。

小丁个子很高，力气也大。有时候教室里地面有水，他会主动拿来拖把，把地面拖干净。我就抓住这个机会，在全班面前表扬他热爱班级，有强烈的集体荣誉感。每当需要搬运一些书本时，我总是有意识地请他帮忙，然后趁机表扬他。慢慢地，我发现在我的课上他愿意举手发言了，于是，每节课上我必定会请他发言，他成了课堂上发言积分最多的孩子之一。同学们看他的目光也带上了些许欣赏的色彩。每个月末发奖励时，我会将奖励标准稍稍为他倾斜，甜甜的棒棒糖触动着他的味蕾，滋润了他柔软的心田，也拉近了他与同学的距离。

每到秋天，小丁身上总会散发出一股难闻的气味，随着年龄的增长，这股气味越来越重，导致同学们不愿意靠近他。有的孩子甚至说，闻到他身上的气味，都吃不下饭。我当然也闻到了这股气味，那是长时间不洗澡、不换内衣而散发出的骚臭味。于是，我把他叫到身边，指着他黑油油的衣领，悄悄地问："小丁，多长时间洗一次澡呀？"他想了好久才嗫嚅道："大概四五天洗一次吧。"我故意用力做了个深呼吸，半开玩笑半当真地说："我已经嗅到你身上的臭味了。你要勤洗澡勤换内衣，如果妈妈不在，可以试着自己洗衣服，你肯定行的。我喜欢你每天都干干净净的，以后我会经常与你近距离接触的。"他虽然有些不好意思，但欣然接受了。之后，我与小丁妈妈取得了联系，要她督促孩子勤洗澡、换衣服，还委婉地指出这件事已经对小丁的人际关系造成了干扰。他妈妈表示确实忽略了这个问题，并向我表示感谢。从那以后，小丁身上的怪味消失了，热闹的游戏堆里也时常出现他的身影。

解招而归

经过一段时间的努力，小丁与同学之间的关系有了明显改善，披着坚硬外壳的小刺猬不见了，下课时，经常能听到他的欢声笑语，对待同学也宽容多了。虽然有时他还会与别人发生矛盾，但是当我找他时，他说的最多的就是："我已经原谅他了！"

通过对小丁一系列事件的处理，我意识到教师只关注学生的学习是不够的，还应当重视学生的人际交往能力。独生子女在成长中很容易形成以自我为中心的观念，在与他人交往中往往不懂得宽容，容易与他人产生矛盾，从而影响学习、生活，乃至以后的成长。如果班里出现了性格比较特殊的孩子，我们不要轻易放弃，要学会心平气和地面对。首先要对其进行细心全面的观察、了解，可以通过向其他任课老师、同学了解情况，与他谈话，与家长沟通交流，来分析孩子“特殊”性格的成因，相信每个“特殊”孩子的背后总有一个个故事。找到原因后，恰当的方法就显得尤为重要，无论使用哪种方法，保护自尊心，树立自信心，是前提条件。孩子进步的过程常常会曲折反复，但是我相信，只要我们努力找到正确的方法，用心去做，那么，我们一定能走进孩子的内心，从而引导他在班级里建立融洽的人际关系，帮助他们改善同伴关系，形成健全的人格，为他的幸福人生奠基。

如何应对新生入学的不适应

儿童的内心是敏感的，它们就那么敞开在那里，是我们成人用自己的行为在铸造它们。面对千差万别的孩子，绝不能用一刀切或者用标准化的定论去评价和教育，只有走进他们，理解他们，你才能真正地教育他们。

——金云华

新入学的儿童，由于离开了自己的父母及幼儿园熟悉的人和环境，都会出现不同程度的不适应，这是一种正常现象。但是总有一部分学生需要更长的适应时间，因不适应表现出来的行为在班集体中显得突出、持久，甚至让人觉得不合常理，成为教育、教学工作中令老师头痛的对象，是很多老师处理问题时间最多，改变却很少的班级重点人物。

来者何人

小吴，男，7 岁，一年级学生。他个子较高，身体发育正常，曾担任班级体育委员。小吴爸爸在外地工作，一周有三天要去外地上班，其中一天要住在单位，妈妈在银行上班，每天要晚上九点多才回来。小吴的父母亲持一种宽松的教育理念，主张孩子自己成长。小学之前，是奶奶从老家到杭州来照顾他的，由于是隔代教育，相对比较宠。读小学后，奶奶回老家了，从此小吴的生活起居基本由爸爸管，每天放学是托管班老师来接，晚上基本在托管班吃饭、写作业。周末妈妈会抽空带着他去参加室外活动。

倏然见招

现象一：一次因为天冷，小吴衣服穿得少，在做课堂作业时开始大哭：“我冻死啦！”老师让他待在有空调的办公室，他能开心聊天，但不愿回教室了。等到家长送来衣服后，就直接回家。

还有一次中午的自修课时，他大哭着说："我的手冻死了，写不了字啦！"老师说手写写字就会热起来的，后来他见老师不打电话给家长，只好写字去了，写完字也没再提手冷的问题。

现象二：一次，升旗仪式时，有同学因纪律问题被老师拉到外面教育，作为体育委员的他在唱国歌时，得意地朝被批评的同学做鬼脸。另有一次带队跑操，老师建议他跑得慢一点，控制好速度，他也不知是理解有偏差还是赌气，故意跑得很慢很慢，队伍变得更乱。老师问他到底会不会带队，他说："是你说要慢的。你怎么不说他们跑得不好？"当老师不要他带队，把他拉到边上教育时，他马上在操场上大哭大闹，说："你有毛病啊？我手痛死啦！痛死啦！……是他们跑得不好，为什么说我？又要慢又要快，我不会带……"老师在回教室的路上，试图以体育委员的责任和觉悟去教育他，他一走到班级，就当众大叫："我不做了！"但是被撤了体育委员后，他又开始在队伍中站得又静又精神，想争取老师的表扬，重新做回体育委员。

迎招而解

（一）原因分析

通过对小吴同学的具体分析，我发现他在一年级入学新生中，问题行为比较突出的原因主要有以下几个方面：

1. 家庭因素

1）父母教育的缺位，导致缺乏安全感。在进入完全陌生的小学校园时，小吴几乎是靠自己一个人去面对两种全新的群体生活：学校的集体生活和托管班的群体生活。小时候父母亲在孩子生活和学习中的缺位，父母亲与孩子亲密相处的时间缺少，使吴同学内心很缺少安全感，更容易产生分离焦虑且持续时间较长。

2）隔代教育的骄纵，导致缺少信任感。隔代教育加上过度保护，让小吴同学对外界环境缺乏信任感，导致他形成不敢接触外界的性格。小学的校园环境，相较于幼儿园和家里是有很大不同的，更多的是同伴交往，这需要更强的独立性和人际交往能力。隔代教育最大的不利，是削弱孩子与同伴交往的能力和对集体生活的应对能力。

2. 学校因素

1）缺少理解性的分析，轻易戴帽子。很多老师对待小吴这样骄纵的行为，不能很好地理解和接纳，把小吴的行为定性成不乖，没礼貌。忽略了他从小生长环境的影响，轻易地给他戴上学习态度差、脾气暴躁、自以为是、行为习惯差等帽子。

2）缺少个体化的教育，简单一刀切。教师本位的老师对一年级新生的焦虑情绪往往认识不足。一些老师为了一开始就做好班级规矩，过早、过高地对学生的行为习惯、学习习惯提出全面要求，像小吴这样本身父母关注不多的孩子肯定很不适应。这样一刀切的统一规划，统一要求，不关注个体性问题的教育，更加剧了他的问题行为和逃避心理。

3. 自身因素

1）负面情绪太多。对于小吴来说，不管是生活上的人际交往、自我管理，还是学习方面的毅力都是挑战，一旦遇到挫折，自己又没法应对和解决时，就容易找理由、责怪他人来减轻内在的心理压力。而一旦把归因外推，就容易产生埋怨、责怪、不满足等各种负面情绪。

2）交往技巧缺乏。小吴用跟同学吵架、与老师对着干等行为来引起他人关注；他用指责别人的不足来暗示自己其实不错。其实他很期待与别人相处，希望被别人肯定、接纳，但由于缺乏集体生活的交往技巧，所采用的行为方式虽有引人注目之效，但是对建立个人良好形象、与同学建立友谊却是适得其反。

（二）具体举措

在了解了小吴表现异常的原因后，我采取了以下措施。

1. 致知 + 联动——认知接纳，建立情感需求后盾

1）认同“问题可解决”，不指责不孤立。虽然小吴已经成为班级里令人头痛的人物，但是老师不能只采取批评指正、规矩约束，或者不理他、远离他，让他自我折腾，让他不能“兴风作浪”的做法。相信“存在即合理”的真理，抱定“这些行为在小学入学适应过程中很正常”的认识，老师便能更冷静地面对现实、解决问题了。老师要尝试站在小吴的立场，从他的生活环境中追根溯源，认同产生问题的主要原因是客观的（父母关爱不够），而不是他主观的道德品质、行为习惯问题，从而能心平气和地在源头寻找解决问题的办法。这样的认识，既能缓和老师的心境，也能柔化师生关系。

2）家校共享孩子信息。老师利用微信就小吴在学校的进步或者问题及时地与家长交流；家长也把孩子在家里、在托管班认真表现的照片，双休日外出时值得肯定的行为表现告诉老师。家校对孩子适应过程中的进步和问题的共享，其实是家长和老师对孩子心理状态的实时把握，淡化了学校与家庭的界限，合成了小吴的立体活动空间。同时，家长和老师对小吴微妙的内心变化能及时了解，当孩子进步时，家长和老师同时表现出喜悦和肯定，给予孩子接纳和鼓励；当孩子出现困惑和情绪起伏时，家校联手，解决起来也更有力、更迅速。

2. 个展 + 集训——“偏心”认同，激发归属集体自信

1）小事多多派，步子慢慢走。小吴像一只“小乌龟”，一出现自己无法应对的事就逃避，推卸责任，要改变他不是一时半会就能实现的事。所以对他的训练定位为：走小步子，上小台阶，慢慢改变。先从“小事”指派开始，比如让他替老师收发本子（因为他的识字量还是比较大的）、替老师跑腿，给班级整理讲台，帮小组对齐桌子……让他有“老师很信任我，我能帮老师做的事最多，我对老师来说是好帮手”的自我定位，这样既拉近了师生之间的心理距离，也让小吴同学内心对新环境、新人物产生信任感。同时，因为事情简单能胜任，考虑他的兴趣为先，比较适合培养他认为自己能够做到的自信心。小吴开始信任环境，相信自己，是打开他心扉的第一步。

2）针对问题多指派，细指导。为帮助小吴培养参与集体活动的积极性，我有时针对他的能力薄弱之处去指派小任务。比如，我抓住他偶尔静得快、坐得正的机会，请他上来做出操队列的小标兵。当然在他上来之际，我会巧妙地边说边落实要求：“要像小标兵一样精神饱满，小背脊挺得笔直。小吴同学，你再给大家看看五指并拢，伸直贴裤缝的效果……”小吴开心地规范了自己的行为，享受着小标兵的待遇和喜悦。“这才是体育委员该有的形象。如果你能坚持做到，老师觉得还是可以再选你来做体育委员带队、给大家做榜样的。”老师“有意无意”的细心指导，规范了小吴在集体中的行为，有利于他形象的重塑，让他有自信在群体中表现自己。

3. 冷面 + 热心——真诚关注，帮助自我完善认识

1）明批与暗捧同行。当面批评是我们对一般学生经常采用的教育手段，小吴这样内心脆弱的小家伙也需要在批评中正视自己的问题，锻炼自己面对挑战和挫折的承受力。但是，在对他进行批评时，不能是简单的全然否定，因为他需要在老师对自己的关爱和肯定中寻找自我肯定的证据，进而强大自己的内心。所以，老师在对他的行为给班级带来的负面影响进行批评时，一定要在后面追加一句肯定的话语。

2）搁置与沟通互补。面对小吴问题行为的反复出现，有些时候，老师暂时搁置的冷处理态度也不失为一种教育手段。但是，在搁置事件、收回“偏爱”后（时间不宜过长，视情况可在课后、放学后、第二天处理），我会再单独与他当面沟通，把他原本的长处，做过的努力、已有的进步、老师曾有的开心和喜爱先一一阐明，然后对他现在的行为问题进行指正，并表现出失望的态度。这样的操作往往会有很好的教育效果。因为这样的事后沟通，是建立在小吴有了情感归属的基础上，偏脆弱的内心也不

容易被打击到，不仅让他自觉自愿认识自己的问题，改正的动力也随之而来。

解招而归

经过一个学期的适应，小吴慢慢能在集体中克制住自己的情绪，学会妥协，愿意用自己积极的行动去赢得自己在同学中的口碑；在学习上他也能认真对待作业，在取得的优异成绩中找到自己克服惰性的动力。平时碰到自己努力但结果不如愿的时候，他也能在老师的开导下，学会坚持，而不是放弃。

对小吴同学的教育过程和他的转变过程，让我特别希望：一年级新生的老师能有心关注那些家庭生活中缺少父母关爱和教育的孩子，能对这些孩子表现出来的入学不适应行为予以重视和思考。

（一）幼小衔接很重要

新生入学时期对从幼儿转型过来的孩子来说是一个具有挑战性的关键又特殊的时期，家长和老师要重视对孩子入学阶段的心理辅导。对“入学阶段”的理解可不能只是入学前、开学这几天，它可以长到从大班到小学的前几个月，也许还会是上小学后一个学期，甚至更长，因为孩子的适应力有个体差异。对不适应行为突出的孩子要延长适应期。对他们来说，入学后所需适应时间的长短，其实取决于家长和老师走进他的内心后的同感程度。只有成人能感同身受，才能想出有效解决办法帮助他们顺利过渡。

（二）情感需求先满足

缺少父母陪伴教育的孩子，因为父母关爱的缺失，容易引发一些内心的问题和能力的不足，这些问题在新入学时容易集中爆发。老师应该对孩子的行为有正确的认识——这是孩子入学后，因更换环境，内心无法很好适应才产生的正常行为表现，这是孩子在向成人求助的信号，他们需要我们真心地帮助。教师应该努力和家长联动，保证家校在认知和教育上保持同步，一起做孩子心理依靠的坚实后盾，给孩子创造一个被接纳、被关注的环境，满足孩子的情感需求，这样就能慢慢缓解孩子的不安全心理，排除他们的心理障碍，从而更有针对性和实效性地改善他们的行为。

（三）培养自信是关键

每个人总有自己的长处，即使有的孩子让你觉得没有什么特长，甚至他们连一些小事也做不好，我们可以拿他们和他们自己比，今天和昨天比，总能发现他们好的地方。总之，针对这些孩子，我们要戴着放大镜去寻找他们厉害、进步的地方，使之成为他们敢于自信参与的“强项”，让他们有胆识和积极性来加入集体，脱离个人独行的境地。老师也要在他们有自信的领域让他们有优享权，即使他们并不是做得最棒的，也许他们只会做一件事。一切的关键是：帮他们在集体中找到自己的位置，这是他们踏出自己的世界，走向集体的第一步。

不管是个人的展示，还是集体相处中的训练，都是孩子走出自己内心世界，走向集体生活的一剂“强心剂”。老师的关注和特别帮助，能培养孩子的自信心，提高孩子的人际交往能力，让他们强大自己的内心，使他们能自信看待自己，自信面对他人，从而减缓与家人的分离焦虑，增强他们从小不足的安全感。

如何辅导有抑郁倾向的孩子

行为养成习惯，习惯造就性格，性格决定命运。这些话似乎有些绝对，但习惯是一种惯量，也是一种能量的储蓄，一个好的习惯可以让孩子终生受用，好习惯一旦养成，长大后也会一直坚持下去。我们班主任往往是好习惯的播撒者，而我们所关注的细节不正是一粒粒正等待茁壮成长的种子吗？

——郑　勤

如今，家长们对孩子的学业期望很高，这使不同年龄阶段的孩子都出现超负荷的学业压力和心理压力，导致孩子常常处于焦虑情绪中，有的甚至出现抑郁倾向。青少年抑郁应引起家长的广泛重视，若青少年抑郁没有得到有效的控制，会引起严重后果。

来者何人

小陈，男，12 岁，某校小学六年级学生。小陈父母在外做生意，父母之间有矛盾，母亲常常会把气撒在他身上。他小时候因父母工作经常调换地方，因此没有在幼儿园接受过早期教育，而是在家由妈妈教导。到了小学二年级的时候，父母因为工作需要，无暇照顾他，于是把他寄托在家教老师家中。到了小学五年级，小陈由爷爷奶奶照顾，父母极少回家看望。

在班级里，他跟同学的交往很少，六年级时，对班里一个女孩子有好感，并写信给她，但遭到女孩子的拒绝。于是，他一气之下，坐在家里四楼阳台上不肯下来。此后，他晚上常常睡不着觉，并常自言自语："怎么会这样？"情绪变得低落、抑郁多疑。

倏然见招

有一次，我在他上交的随笔中发现这样一篇文章。

2 月 25 日　星期五　晴

又是一星期的末端，也是这个月的末端。我的生命就好比一个小宇宙，终将在这时破灭。

我是一个学习差、相貌差、人缘差的孩子。我觉得我活着本身就是个错误。我不像王 ×× 那样能写出好作文，没有韦 ×× 那样知识渊博，没有李 ×× 勤学好问，也没有徐 ×× 见多识广。我喜欢赵 ××，可能是荷尔蒙吧。我觉得没人和我玩，很孤单，有人在我不高兴的时候数落我。我难道就这么不好吗？

我宁愿死，也不要被人说，也不要孤单。

我写了许多心愿，最大的是能在死前找一个知心朋友，可没人能成全我，为什么？为什么？为什么？

3 月 15 日，他的同桌告诉我，他在用头撞墙。我问他为什么，他说昨天考试卷拿回去给奶奶看，因为没有及格，奶奶不肯签名，今天老师检查时批评他了，他觉得很没有面子，越想越难过，就开始撞墙发泄情绪。

3 月 21 日，他奶奶打电话来给他请假。第二天，我去他家看他，发现他胃口很差，一天只吃了两口面包，精神状态不好，想睡觉却睡不着。医院也去过了，各项检查结果都正常，他也不愿意回来上课。同学去找他，他也不高兴出来见人。

迎招而解

（一）问题分析

1. 症状表现

1）兴趣减退甚至丧失。他告诉我，一、二年级的时候，他成绩挺好，回家后爸妈都会奖励他。可是现在，成绩下降了。如果一次考好了，而第二次没有考好的话，妈妈就会打他，拿扫帚打他，甚至还用针戳他，把他赶出门，他就在大街上流浪。所以，他干脆都考差点算了，认定自己是差生，那就不会有起起伏伏了。

2）对前途悲观失望。家里人希望他上外国语中学，如果考不上，就不让他读了。而他认为自己一无是处，觉得前途一片黑暗，总觉得头顶有块巨石压着他。

3）无助感。他在文中这样写道："我觉得没人和我玩，很孤单，有人在我不高兴的时候数落我。我难道就这么不好吗？……我写了许多心愿，最大的是能在死前找一个知心朋友，可没人能成全我，为什么？为什么？为什么？"一连串的为什么道尽了他的无助、无奈，甚至已经让他产生了轻生的念头。

4）感到精神疲惫。由于学习成绩较差，而父母又希望他上最好的初中，现实和父母的期望存在着巨大的差距，使他无法自我调节，这些在精神上一直折磨着他，让他觉得疲惫不堪。

5）自我评价下降。他自认为自己比不上别人，有很强的自卑感。用他自己的话说，"我是一个学习差、相貌差、人缘差的孩子。我觉得我活着本身就是个错误。我不像王 ×× 那样能写出好作文，没有韦 ×× 那样知识渊博，没有李 ×× 勤学好问，也没有徐 ×× 见多识广"。

6）觉得生活或生命本身就没有意义。他觉得自己活着本身就是个错误。他宁愿死，也不要被人说，也不要孤单。

7）身体表现。食欲减退、体重减轻、睡眠不好（晚上难以入睡）、注意力不能集中、精力下降、感到自卑、甚至想自杀。种种迹象表明他已经感到很不舒服，会不由自主地沮丧难过却又无法挣脱。

2. 诊断结果

我们知道，早期教育对儿童良好的个性心理品质的形成是十分重要的，幼儿时期不仅是智力发展的重要时期，也是个性心理品质萌芽并开始形成的时期，4 岁的时候是儿童自我情绪的转折点，这个时候小陈没有多少和同伴相处的快乐，没有丰富的情绪体验，以至于他性格内向，不爱表达自己。小陈缺乏家庭的温暖，加上早恋倾向，又被女生拒绝，使他萌生出旁人都不爱他的念头，导致对自身存在价值的怀疑，觉得自己在这个世界上是多余的。再加上家里人“望子成龙”心切，无形中给了他莫大的压力，而他又不善于表达自己的不适和不满，长久的压抑下，最终导致抑郁倾向。

（二）具体举措

1. 抑郁量表的选择

由张（W.K.Zung）编制，SDS（Self-rating depression scale）抑郁自评量表，是 Psychology Express 重新编辑和制作的美国教育卫生部推荐用于精神药理学研究的量表之一，把 20 题的得分相加为粗分，粗分乘以 1.25，四舍五入取整数，即得到标准分。抑郁评定的分界值为 50 分，分数越高，抑郁倾向越明显。当让小陈做完测试后，发现分数为 48 分，可见他抑郁倾向已经比较明显，需要心理辅导。

2. 积极倾听与陪伴

远离父母的孩子，需要有人陪他聊聊天，说说学习、生活上发生的事情。有人亲切地摸摸他的头，请他吃颗棒棒糖，听他倾诉成长中的烦恼，能让他感到温暖。与人建立信任后，他会有安全感，此时，要花更多的时间聆听孩子的感受，使他懂得用言语表达自己的情感。有一次，他不肯吃饭，说吃不下，我没有批评他或要求他一定要吃饭。下午课间时，我把他带到办公室，请他吃点心，他很意外，也很高兴，我和他边吃边聊。

当孩子遭到女生的拒绝后，过去的种种孤独、焦虑的事情会一一浮现在脑海，接踵而至。此时，我们应当从孩子的角度来感受他的孤独、无助、焦虑，与他共情，让他尽可能多地宣泄不良情绪，宣泄越多，效果越好。

3. 进行同学辅导

抑郁孤独中的孩子更需要别人的关心，他迫切需要一个知己，而他又是如此多疑，以至于在选择朋友时，他不敢放宽心去对待。于是，他先采用写纸条的形式来给同学传达自己的想法。这个时候，我鼓励一个男孩子多多地和小陈在一起。一方面，小陈的思想情绪得到了宣泄，另一方面，也有利于教师观察学生的动向。

经过一段时间的实践，他们的感情越来越好，下课经常一起聊天，玩耍，我让这位同学和他做同桌，不懂的题目教教他。有了同学的帮助，小陈各科成绩也有所提升。

4. 鼓励家长沟通辅导

小陈在笔记里以及在交谈中提及家长尤其是母亲，对他的管教过于严厉。为此，我与小陈家长保持联系，鼓励她多与孩子沟通，多点时间去关注小陈的兴趣、心情，而不是主观地将自己的意愿强加到孩子身上。他爸爸也意识到问题的严重性，和他妈妈经常做思想沟通，自己也每天和儿子保持联系，每天晚上打电话了解小陈的学习和生活上的困惑。爸爸每周末争取回家一趟，陪小陈出去吃饭谈心。渐渐地，他愿意和爸爸谈心事了，心情开朗了很多。

5. 实施班级辅导

通过与小陈妈妈的联系与沟通，小陈妈妈开始意识到孩子在情绪方面的问题。在小陈生日那天，为了让他开心，他妈妈特地从外地赶回来，买了蛋糕和零食为他在学校举办生日会。我便趁此机会实施了班级辅导。

1）心情温度计：让孩子们讲讲今天的心情，并说说开心的理由是什么。由孩子的热情开心引出对小陈的心情的表达，让小陈明白因为他，同学们在此刻有这么多的快乐，让他意识到自己能给别人带来快乐，自己也从中感受到快乐。

2）会心时间：让同学们讲讲自己眼中的小陈，以及他的优点，可以联系具体事例，让他发现原来自己也有这么多的闪光点，从而减轻自卑感，加强对自我的积极认识。

3）星语星愿：请孩子用一句话表达自己对小寿星的祝愿。表达的时候要面对面，看着对方的眼睛。

4）母子情深：今天是小陈的生日，是开心的日子，可 13 年前的小陈妈妈却因为要生小陈而痛苦着。孩子是娘身上掉下来的一块肉，让小陈和妈妈说说话，把自己的真实情感表达出来。

6. 合理情绪自我激励辅导

解铃还须系铃人，再多的安慰和鼓励，也没有当事人的自我解救有效，因此要多多地肯定小陈对自我情绪的合理调节，慢慢地由外在力量的支持援助，转为由其自我调节。我鼓励他给我写小纸条，我也及时关注他的情绪波动，并和各科老师私下交流，让他们尽量不在公众场合批评他，以免刺激他的情绪，各科老师也很配合我的工作。

解招而归

通过一年的努力，小陈已经能够自我调节情绪，再也没有轻生的念头，第二年，他上了一所不错的初中。毕业一段时间后，我偶然在 QQ 上看到他，他主动地和我打招呼，并且告诉我，在分班考试中，他考了全校第 5 名。言语之中流露出喜悦的心情。

抑郁倾向指的是一种涉及生理、心理、情绪和思想的疾病倾向。抑郁症是神经官能症的一种症状，是由用脑过度，精神紧张，体力劳累所引起的一种机体功能失调的疾病。它包含了失眠症、焦虑症、疑病症、恐惧症、强迫症、神经衰弱、神经性呕吐等多种病症。抑郁症多表现为入睡困难，或者睡着一两个小时即醒，醒后再难入睡，也有的整夜不眠。整日坐卧不安，控制不住对没有明确的对象、内容的恐惧，或提心吊胆的痛苦体验。有些人以情绪低落为主要症状，沮丧、忧伤、自卑，对日常活动兴趣显著减退甚至丧失。有些人则多疑，总怀疑别人在说自己的坏话，很烦恼，明知这样对健康不利，却不能自控。而有些患者则表现为强迫自己想某样东西或事情，无法控制自己。神经衰弱症状表现为精神疲乏、反应迟钝、注意力不集中、记忆力下降、工作学习不能持久、头痛、食欲不振、懒散等。由于现代社会生活节奏加快，像小陈这样出现心理问题的儿童越来越多，这已经成为心理研究学者们需要迫切去研究探讨的问题。

另外，家长要有正确的人才观和期望值，这样才能为孩子的健康成长创设合适的、良好的软环境。要知道，什么是人才，不同时代有不同的标准，不同的人有不同的理解。它既受传统观念的影响，又有现实生活中的困惑干扰。如今的家长都希望自己的子女将来上大学，能成为某门学科的博士、教授，或者能成为工程师、上层管理人员等。这种想法是正常的，但对人才做这样的理解是十分狭隘、片面的，而且对于很多孩子的家长来说，这样的期望是不现实的。不现实的期望往往以失望为结局。家长失望、孩子悲观，甚至还会出现人生悲剧。每年中考、高考后，总会听到某孩子因落榜而自杀的消息。如果家长不从孩子的兴趣、爱好、智力发展水平的实际出发，而是按自己的主观愿望去塑造，甚至采用强制性的措施对孩子进行教育，不但会把孩子的闪光点熄灭，还会失去纠正孩子不良习惯的机会，产生不良的后果。有的家长为了实现自己的期望，将孩子每天的生活安排得满满的，与人家的孩子搞攀比，盲目追求，使孩子长期处于紧张的应付状态，这与其说是抓早期教育，不如说是对孩子的无情摧残。

如何找准缺少关爱学生的教育支点

作为老师，要尽可能多地要求每个孩子，也要尽可能多地尊重每个孩子，让每个孩子对自己都有信心。让我们永远用欣赏的眼光看待他们，永远用宽容的心态面对他们，你一定会得到最甜蜜的回报。

——韩　琳

让每个学生走向成功，是新课程的基本理念。个别学生的转变是一项长期艰苦的系统工程，能否找准教育支点是转变能否成功的关键所在。教育支点，即教育的最佳契机，指在老师和学生的互动过程中，老师有意识地创设教育情境，因势利导，动之以情，晓之以理，诱发学生的心理体验，激发学生的良好情感期待，在良好的情感积累中提高学生的学习自觉性，养成积极的价值取向，进而让学生养成习惯。叶圣陶先生曾经说过："教师之主导作用，益在于引导启迪，俾学生自奋其力，自致其知，非为教师滔滔讲说，学生默默聆听。"积极架设并利用教育支点，关注每个学生的个性发展，给每个学生，特别是特殊学生足够的尊重、关爱，敏锐捕捉特殊学生的学习生长点，这是老师的工作出发点，也体现了老师高度的工作责任心。

来者何人

在教育教学工作中，我们发现，小学第一学段，父母的关注与否，于孩子对小学生活的适应与否有很大的关系。本文涉及的小蒋，是一名 8 岁的二年级学生，性格内向，缺少自信，很少主动与老师、同学交流。即使有时老师问她问题，她也很少开口回答。她的父母都不在身边，把她寄养在别人家里，小蒋平时很少与父母见面，更不用说交流，所以这个孩子对小学的学习生活适应很慢，学习能力较弱，又因缺少关心、不自信，学习也落在后面。

倏然见招

记录一：

课堂上“开火车”轮读课文活动，到了小蒋这里又卡住了。我不觉叹了口气。这个小姑娘并不笨，而且很乖巧，老师说的话也听，不知道为什么学习总是要比别人慢一拍，做事情也很拖拉。

说到学习，开学都半个多月了，一般学过的课文小朋友基本都能熟读、背诵了，可小蒋一篇课文也读不下来，每节课应认识的字至少有一大半不认识，我真为她感到着急。

于是，我每天利用课余和放学时间让她读课文、认生字。时间长了，孩子的确记住了不少字，课文会读、会背的也多了起来。让我觉得自己的付出是值得的。

有段时间小蒋的学习成绩又下滑了，上课很多时间在发呆，对学习的兴趣慢慢减弱了。当时我十分懊恼，自己花了很多时间却没有收获好的效果。这是为什么呢？冷静下来，我仔细想想，她是不是真的不喜欢学习？还是不喜欢老师给她补课呢？还是有什么别的想法？我想我应该和孩子本人、她父母谈谈。

一天语文课下课后，我找到小蒋，和她谈了最近一段时间的学习情况，问她是不是不喜欢学习，还是另有什么原因。尽管我当时语气比较亲切，但孩子只是似懂非懂地看着我，不愿意告诉我她真实的想法。这次谈话以失败告终。

记录二：

我带着困惑，拨通了小蒋妈妈的电话。我刚刚说了两句，她便说："韩老师，我也没办法了，我们家住得远，我工作忙。孩子我都托给别人管的，偶尔有空才会陪陪她。"

听了这话，我立刻愣住了。我没想到小蒋都没有跟父母住在一起，而是住在别人家里。这让我想到了我们班另一个小朋友，有一天她哭得很伤心，我以为是被小朋友欺负了，后来一问，原来是她妈妈在外地工作，她一个多月都没有见到妈妈了，想妈妈所以哭了。小蒋从来没有提起她没有和父母一起住的事情，也不像同龄的小朋友那样用哭来表达自己的情感，但同样才七八岁，父母不在身边，她肯定有很多想法，只是因为比较内向，没有向大家倾诉。一个小女孩住在陌生人家里，肯定会感到孤单的，即使管的人再尽责，毕竟不是父母，孩子心里与他们总会有距离感，学习受影响也正常。作为班主任我一直关注的是孩子的学习，却没有想到还有这层原因，我为此感到自责。

迎招而解

策略一：家校沟通，找准问题根源，从生活中关心孩子

在班主任工作中，我们总会碰到这样那样有不同情况的孩子。有时我们会很恼火，为什么我花了心血花了时间，孩子却还是不能体会不能理解呢？这时候就需要我们停下脚步，慢慢思考，看看是不是之前的方法错了，是不是我们给的不是孩子需要的。就像我刚开始留孩子下来补课，并没有考虑到孩子的内心感受，效果甚微。小蒋不自信，不愿意多和老师、同学交流，比较自卑，究其原因是缺少大人的关心。在与家长沟通后，我建议家长还是接孩子回家住，从生活上关心她，再来关注学习。她妈妈答应了下来。

一段时间过去了，数学老师来跟我说发现小蒋最近进步特别大，作业都很认真，正确率也高，只是速度有些慢。我觉得很高兴，看来让她和妈妈一起住迈出了成功的第一步。我再一次拨通了她妈妈的电话，询问了一下小蒋在家的表现，她妈妈告诉我，孩子在家很听话，很认真地做作业，完成后不停地拉着她讲故事。可是孩子动作慢，一般故事讲了一会儿就要睡觉了。我同样把孩子最近学校里的情况告诉了她，特别提到了孩子进步很大，她听到后欣慰地对我说了声“谢谢”，我心里也很激动。

一段时间后，我发现小蒋变得更自信了。

在这个孩子身上，我也看到了自己作为班主任的不足，有时候我把学习成绩看得太重要，往往忽视了孩子内心的想法。其实孩子快乐、健康地成长才是最重要的。现在不少孩子都是独生子女，由于父母工作忙，与孩子沟通的时间少。孩子们会感到无比的孤单、无助。这些心理问题会影响到孩子的方方面面，就像病毒一样扩散到孩子的学习上、心理上……当孩子感到忧虑时，就像我们大人有烦恼一样，怎么还会有心思学习、工作呢？就像小蒋，她需要的是父母的关心。找到了这个教育支点，再以这个支点为支撑，进行引导，问题自然就慢慢解决了，学习成绩也就自然而然稳步前进了。

策略二：师生沟通，放低姿态，走进内心世界

我们都知道，要注重和学生的沟通。但为什么有时沟通的效果会不明显，甚至事倍功半？主要还是因为我们把自己摆在了老师这个位置上，站在高处俯视学生。要让沟通有效，必须放低姿态，让孩子觉得你是他的知心朋友，这样孩子才会敞开心扉和你交流。就像文中的小蒋，我第一次找她谈话，她觉得畏惧，觉得害怕，使得谈话无效。当我了解了孩子的情况后，放低姿态，和她谈最爱的妈妈，又鼓励她，她自然而然敞开了心扉。“最近，胡老师和妈妈都说你表现特别好，韩老师也觉得你进步很大，上课都会举手发言，课文读得通顺了，而且还能背诵出来，真了不起。”这是我和她母亲沟通后，和她的又一次谈话。听到我直截了当的表扬，而不是询问“怎么回事？你怎么想的？”小姑娘的脸上露出了喜悦的笑容，这笑容一直伴随了她一整天。

策略三：榜样引领，同伴互助，促进身心发展

孩子生活在一个集体中，需要伙伴。文中的小蒋虽然不会主动与他人沟通，但从她的一些言行能看出来，她很希望有小伙伴和她一起玩。记得有次下课我问她：“你怎么不出去玩啊？”她苦恼地告诉我因为作业做得太慢了，没有小伙伴和她玩。我找了几个小姑娘和她聊了聊怎样才能加快作业速度，也让这几个小伙伴在学习上多帮帮她。这些同学不一定是成绩特别好的，但一定是开朗活泼、动作利索的孩子，和小蒋在一起起到了互补作用。日子一天天过去了，小蒋的进步越来越大，很多时候我都能看到她和同学们一起开心玩游戏的身影。我很庆幸当初自己和孩子的父母进行了沟通，了解了孩子内心真实的想法，让孩子获得了成功。

解招而归

1. 教师、父母对孩子的爱要外化

每个人都有自己的优缺点，教师应从多方位观察学生，及时发现他们的优点，并抓住这些闪光点，适时加以鼓励表扬，让每一个学生都感到老师对自己的关爱，因为爱是学习的重要动力，所有学生都喜欢，都需要。像小蒋这样的孩子并不是自己不想学习，而是老师、父母对她的关心太少，造成她对身边的事物都失去了兴趣，当父母、老师都重视她以后，她的进步是十分明显的。老师和家长要用欣赏的眼光看待学生，对那些渴望得到表扬的孩子，要及时地毫不吝惜地给予鼓励和表扬，时常与他们交流，让他们感受到老师、父母对他们的关爱，从而激发他们的学习兴趣。老师、父母对学生的爱更要外化，让学生能切身感受到。中国人讲究含蓄，但我觉得对于低段的学生来说，他们的感受是直观的，他们更需要父母、老师外显的爱的表达。

2. 老师要成为孩子的玩伴、朋友

作为老师，有时应该是学生的“玩伴”，应与学生一起分享快乐。我们大人不了解孩子为什么总是看一些漫画书，在纸上画一些“无聊”的画，玩一些“幼稚”的游戏。如果有这样的想法，说明老师没有走进他们内心。要用学生的眼睛看世界，才会与他们产生共鸣。当你去认真看那些孩子们喜欢的书，玩孩子们喜欢的游戏，才会发现我们的学生多有趣，多可爱啊！他们喜欢的漫画书里也有许多知识，告诉他们做人的道理；他们还发明了新的“石头、剪刀、布”，需要动脑筋才能赢，里面就包含着数学的概率问题；他们在纸上乱涂乱画，原来是在设计迷宫……这是多新奇、多有趣的发现。

有时老师也应成为学生的“知心朋友”，聆听学生的烦恼，给他们建议和帮助。小孩子也有烦恼与忧愁，就如小蒋一样。他们也会想“我和朋友吵架怎么办？爸爸妈妈不陪我怎么办……”别看这些问题小，它们对孩子的心理有着很大的影响。我们要从生活中、学习中的点滴去发现问题，帮助学生克服问题，快乐成长。

3. 要善于发现学生的闪光点

每个孩子身上都有与众不同的“亮点”，因为“学困生”的学习或行为习惯上的不足，常常让我们忽视了他们身上隐藏的“亮点”，或许他们的“亮点”确实不那么起眼，但一定有。每一个老师都要擦亮眼睛去发现，去挖掘“亮点”，为孩子创造“闪光”的机会。星星之火可以燎原！对于“学困生”，更要充分了解他们的长处和短处。可以通过家访和平时的交流了解他们的所长，根据他们的所长，交给他们一些任务，让他们有所准备地展示自己的长处。

找准一个教育支点，更需要我们老师细心地观察、仔细地记录，并运用恰当的教育方法进行引导，才会有所收获。

师生关系

温暖相交谱乐章

如何借“糊涂”解困境

幸福是一种体验与感觉，教师职业的幸福感来源于学生的进步与成长。作为教师，我们用灵动的心去书写教育情结，用火热的心去做教育事业，用勤劳的手去播种教育之花，用真挚的爱去感动学生。如此，我们会深深地感受到班主任工作是幸福的，培养教育学生是幸福的，追求教育理想是幸福的……在教育工作中享受着，在幸福感中使自己在教育的征途中走得更远、更高、更坚定！

——牟陈子

有人说“教育是一门精妙的艺术”，面对一个个古灵精怪的小学五六年级学生，不知道什么时候他们又会制造出一个又一个小插曲，让作为班主任的我应接不暇，再加上各种积习已久的小毛病，要切实做到“拨乱反正”，还真是一项考验教师智慧和耐力的劳动。不过，有时教师有意装一下“糊涂”，也许会收获意外的惊喜。

来者何人

小周五年级时作为插班生进入我班。他的初测成绩为中低水平，瘦瘦高高的他见到我时显得腼腆和自卑，之前因为父母工作的原因以及自身和同学相处的问题，他换过两个学校。作为新转来的学生，他好长一段时间都没有朋友，也很少有孩子会主动上前搭讪。过了一段时间，我看到他和同学渐渐玩开了。不过他的交流者主要是班级里的“不安分子”，因为他们会主动提供给他好玩的信息，好看的动画片甚至游戏。小周的父母都是外来务工者：父亲是在萧山上班，一个星期也就回来一两次；母亲没有固定工作，主要是跟着孩子的父亲走，可是考虑到孩子也不能时常因为父母的工作变动而换学校，所以打算就此安定下来，孩子的主要教育任务由其母亲负责。进入五年级后，小周的妈妈在学校边上找了个饭店上班，看上去柔弱的她透露给我的是焦虑和坚定并存。

倏然见招

开学伊始，问题就来了：这天上午，第三节课刚下，女生王某便匆匆跑来向我报告，说她放在书包里的皮夹不见了。在我来到教室帮她寻找之际，又有几个学生纷纷报告说自己的零用钱等物不翼而飞。一调查，大家都说第二节课还在。看来，事情发生在课间操这段时间，下操时学生是排着队同时回到教室的，那么只有……

“谁是上操前最后一个离开教室的？”我问。

“小周，我们做完卫生出去的时候，教室里只剩他一个人。”

“我回来取东西的时候，看见他在翻别人的东西，但是没看见他拿。”

又是小周，我不禁眉头紧锁，虽然接触只有短短的几个星期，他的名字却以极高的频率在不断地敲击着我的耳膜，让我印象深刻：上课不是和同学交头接耳就是故意扔东西到同学身上；下课不交作业，学习态度不端正不说，最令人头疼的是，每次被批评，他都是双目低垂，一副“死猪不怕开水烫”的模样，任凭你疾言厉色抑或和风细雨，他就是一言不发，沉默对抗，让人又急又气，又有些无可奈何。

会是他吗？怎么撬开他的嘴巴呢？我的大脑急速运转着，直接查问，他肯定不会承认，逼急了，可能会使矛盾激化。怎么办？对，效法前人。于是，我示意学生都回到座位上，然后模仿经典案例中的处理办法向全班同学慷慨陈辞：

“同学们，咱们班从来没有发生过失窃事件，这次也不会，肯定是哪个同学爱开玩笑，把它们藏起来了，一会儿它们就会被送回家的，因为我们班的同学都是诚实的人，是吗？”

“让我们耐心等待吧！”

然而，直至下午放学，这个百试百灵的传统技法并未奏效，看来只有与之正面接触了。

迎招而解

策略一：将错就错，因势利导

我把小周叫到办公室，先轻描淡写地问：“听同学们说，你翻过那些同学的书包，是吗？”他本能地想否认，可毕竟已有几个人证实，他只好勉强点点头，态度倒还配合。“现在他们的东西和钱不见了，你看怎么办？”“老师，不是我偷的。”他理直气壮地叫着，一改以往“徐庶进曹营——一言不发”的犟气，接着他便自顾自地一再辩白。

我心中暗喜，这一系列反常的举动已证明了一切。要乘胜追击吗？没有真凭实据，恐怕会陷入僵局。他的性格又比较偏执，如果处理不当，后果将难以预料。忽然我想起了陶行知先生最著名的“四块糖果”的故事，我何不一试？于是我用力拍拍他的肩膀，显得很欣慰地说：“今天，老师很高兴，因为你没有耍脾气、生闷气，而是开诚布公地和老师交心，说明你很信任老师，很懂事。今后遇到事情这样多好——一言不发只能引起别人的反感，是不是？”“嗯！”他用力点点头。

"你这样相信老师，配合老师工作，老师当然更愿意相信你，可是，还有那么多同学怀疑你，你是不是也不好受？只有早点找出那个拿东西的人，找回失物，我们心里才会'坦然'，是吗？"他若有所悟地点点头。

目的已经达到，我让他回去，之后一天未提起此事，只是留心他的一举一动，静观其变。

策略二：榜样作用，促其自省

果然，第二天早晨，经常踩着铃声进入教室的他来得出奇的早，部分失物悄悄地归还给了原主（少了两百块钱）——看来这孩子也并非一块顽石。趁热打铁，我又把他叫到身边，告诉他东西找到了，并故意连声称赞。我边说边注视着他，他目光闪烁，表情极不自然，"老师，真的不是我……"他喃喃地说，我知道他内心在矛盾中挣扎。

我没有步步紧逼，期望那煎熬后的升华，于是我接着说："那少了的钱他没有还回去，可能他把钱用掉了，现在老师先替他垫上 200 元，不知道够不够，算是对他勇于改错的奖励；在老师眼里，别说是 200 元钱，就是付出 2000 元，能换回一个人诚实、善良的心也值得！"

我把钱递给他，他抿着嘴，愣愣地望着我，没有接。我把钱塞到他手里，"这件事因你而起，就由你把钱还给同学吧。你可以想办法在谁都没有看到的时候放到同学位置上。'那个人'至今还没有勇气当面向老师承认，说明咱们班集体和老师的感召力还不够，教育还不到位，这都是老师的责任，老师应该负责——

每个人都应该为自己的行为负责，对吗？”最后一句话我加重了语气。他紧咬嘴唇，欲言又止，我想他还需要一段战胜自己的时间，“老师相信你会把事情办好的，如果有什么心里话，随时来找老师谈。”他只是点头。

策略三：水到渠成，润物无声

几天过去了，他变得沉静了许多，他在用行动改错，看来我的苦心没有白费。

这天，瓢泼大雨不期而至，低洼的教室门前积水足有半尺深，陆续来到门口脚穿球鞋的学生只有望“洋”兴叹了。可大雨中的小周似乎并不急着回家，而是在等某个没带伞的同学一起回去。

第二天，我把他叫到身边，询问身体情况，又鼓励、称赞了他一番，我本不想再追究前事，可他却迟迟不肯离开，几次沉吟后他仿佛下定了决心，低着头，小声地说：“老师，其实那钱是我拿的，我怕我爸知道了打我，一直不敢承认，我让您失望了……”“老师没有失望，老师知道你一直在用行动弥补自己的过失，老师知道你是一个勇于改过的同学。”“老师，我正在攒钱还给您，可是还不够……我当初不敢承认就是因为我已经花了两百块钱。”他满面绯红，歉疚地说。我握住他的双臂，激动地说：“不要再提这件事了，你让老师看到了一个勇敢、诚实的小周，老师已经很欣慰了；如果你还想还，就再还给老师一个遵守纪律、努力学习的小周吧！”他点了点头。

策略四：适时追究，探其诚意

接下来几天，小周很有改过的诚意，表现都很好，能在上课时安静听课，能在课间和同学友好相处，但是那天小周的话语始终萦绕在我耳畔：我当初不敢承认就是因为我已经花了两百块钱。我本能地觉得如果这事就这样不明不白地了结，可能太不妥当。因为如果让小周的偷盗恶习死灰复燃，后果必定不堪设想。所以，我必须要知道，一个五年级的孩子把这么大一笔钱花在哪了，他是沉迷于什么了吗？还是被威胁恐吓？可是，如果我出面去问他，那我之前对他的信任可能就会有逆向效果。于是，我拨通了他母亲的电话，希望能面谈。

那天，骄阳似火，他的妈妈赶过来，似乎感觉到发生了大事。我把事情的原委细说了一番。她勃然大怒，一副要冲出去和孩子火拼的气势。这时，我才知道这个家庭的情况：这是一个男主外，女主内的家庭，教育任务主要是妈妈在负责。爸爸一个星期回来一两次，如果听到的是孩子的好消息，便会大加赞赏，用钱奖励；如果听到的是坏消息，就是一顿毒打。随着孩子年龄的增大，小周和妈妈之间的共同话题也减少了。她念叨着说，孩子不争气，经常犯错误，有时她的说教也听不进去。我问她，孩子回家来，除了做作业，业余喜好是什么。他妈妈迟疑了下，说也没什么，就是玩玩电脑，和小区里老乡的孩子一起玩，不过前段时间回家有些迟。“会不会是在玩电脑游戏？”我追问。她眼睛闪了一下：“每当作业做完，我都会同意他玩家里的电脑的。照理也不会去外面玩。不过，我们小区是一个老旧小区，听说有非法网吧。”“要不你问问小区里的老乡看看，他们的孩子是不是也有相同的情况。”她点点头。

果不其然，孩子的自我约束力是有限的，针对孩子的教育，可能在一段时间是有效的，可是如果没有找到根源，孩子就会在旧的问题上重蹈覆辙。这天，小周妈妈见孩子很晚也没回来，便和老乡一起去各个离家近的网吧搜索。有的时候，越不想发生的事情，发生的可能性就越大。小周就在其中一个网吧内！小周妈妈根据我们商量的对策，先将孩子在网吧内的场面拍下照片，接着拉出孩子，然后报警。非法网吧得到了治理，小周的问题也找到了根源性的原因。

策略五：依旧“糊涂”，旁敲侧击

第二天，小周垂头丧气地来到学校，他以为他的行为肯定被母亲反映给我，今天得到的必定是我的批评和责骂。而我知道，他的情况特殊，要改变，不是我几句责骂就能实现的，必须从家庭入手。所以，我依旧装糊涂，只是更加关注这个孩子。我需要第二次面谈，对象则是小周的父亲和母亲。要改变的很多，最急需的则是：第一，改变奖励孩子的方式，丰富孩子的课余生活；第二，小周父亲要增加与孩子的沟通，打开彼此的心结，让孩子感受到家庭的温暖，如果需要可以加上书信等沟通方式，孩子教育特别是男孩子教育，父亲不可缺席；第三，我要增加对孩子的肯定，增加班集体的影响力，适当交办小岗位给小周，对于此事，我心知肚明即可。我想，等待花开，要基于对学生的尊重和信任。我要让孩子明白，在我心目中，小周一直都是阳光的。

解招而归

孩子有问题、缺点是很常见的，我们不应过分放大，我真感谢那次意外事件，它让我敲开了小周闭锁的心门，同时，我也深深地体会到教育是润物细无声的，它可以唤醒孩子的心灵，我们要相信孩子，给孩子多一些宽容，多一些理解，多一些等待，那会比简单的说教更能打动心灵。这件事虽然过去了，但仍值得回味。或许在处理这起事件时，我一不批评、二不训斥，而是以装糊涂的办法，以身作则，以情动人，促使学生自然而然地进行自我教育、自我反省，起到了事半功倍的结果。

“水至清则无鱼，人至察则无徒”。学生偶有一些过失，在所难免。有的事情只要学生经历过有所领悟或经过老师的暗示、点拨而醒悟，不用过于指责，不妨顺其自然，以观后效。当然，这种糊涂是清醒的糊涂，它不等于不负责任的撒手不管，而是教师精心设计的一招，是催人改正、激人上进、又不伤害学生自尊心的一味良药；“糊涂”兵法不是一种简单的德育策略，而是一颗爱孩子，善于欣赏和包容的心。

如何培养学生良好的学习习惯

为人师者，爱生为先。我从心底爱我的学生，爱他们的纯真，爱他们的好学，爱每天与他们在一起的点点滴滴。让我们以“婴儿的眼睛”去发现新的知识、新的美丽，让生命永远处于新生的状态。

——张　烨

叶圣陶先生说：“什么是教育，简单一句话，就是要养成良好的习惯。”父母的第一责任是教育孩子，而教育孩子的关键就是培养孩子的好习惯。

细看我这个班级的学生，从幼儿园进入小学，有部分孩子已拥有了良好的学习习惯，如苏同学、许同学等在上课时就会认真听讲，做作业也能积极认真完成，是同学们学习的楷模。但也有部分孩子的习惯令人担忧，如柳同学做事情总是拖三拉四，课堂上总是开小差，做小动作，各个学科的老师都为他急得焦头烂额。因此，作为班主任的我便努力找寻柳同学问题所在，想找到解决问题的办法，用心培养，让他养成良好习惯。

来者何人

柳同学是我班上的一个学生，学习与生活习惯较差，我曾全面了解到他的情况。

（一）“二胎”家庭的困扰

柳同学的父亲长期在外出差，只有双休日可以回家照顾家人，而母亲由于二胎的出生，根本无暇顾及他的日常教育。柳同学从小生活习惯就比较差，如其母亲所言，经常乱扔垃圾，袜子衣服扔得满屋都是，他的日常行为让她的母亲也懊恼不已。他母亲时常跟我诉苦：生活上的一点习惯她都要无数次提醒，他才会有一点点微不足道的改变，除非一对一的吼叫甚至用暴力手段才能让他马上有所改变。

（二）“兴趣班”无数的痛苦

家长担心柳同学进入小学后无法适应，把知识学习摆在了习惯培养之上，报了多个学习类的“兴趣班”而忽视了其生活习惯的培养。

柳同学的兴趣班列表：

周二、周五	17：00-18：30	英孚英语
周六	8：30-10：00	诗文诵读（少年宫）
	12：50-14：00	自然英语（市民中心）
周日	10：00-11：30	童话阅读与表达（市民中心）
	12：50-14：00	自然英语（市民中心）
	19：10-20：40	奥尔夫音乐（市民中心）

（三）“多动症”的烦恼

柳同学在校和在家的表现有一个共同的特点：注意力相当不集中，在课堂上做作业、听课时的种种表现都与多动症类似，于是柳同学的父母特意带他去医院做了检查，结果表明柳同学还真有这方面的倾向，他在某些行为上也存在一定的缺陷。

倏然见招

（一）第一次碰面

第一次碰见柳同学，是在家访的时候，我对他印象很深刻。记得当日，他只顾看电视，并且把声音调到最响，对于我的到来似乎毫无反应。家长让其停下，他竟大吼大叫，并且对妈妈大打出手。妈妈见状，毫无办法，只能好言好语相劝，并且把他抱着，让其看电视，这才平息了他的怒气。因此我对他有了一个初步的了解：家长对他溺爱有加，孩子在家中没有规矩。

（二）课堂表现

很快到了 9 月 1 日，开学了，大部分同学经过三天适应性训练，已经对小学生活初步适应。可是柳同学的表现却让我失望。每一堂语文课都不见其坐端正的样子，他永远是两脚一伸，随意瘫坐着。我的多次提醒对他而言没有任何意义。其次，课堂上他从不与我互动，每每看他，他都是在“自娱自乐”，回答问题，也是答非所问。对此，我对这孩子有了更多的了解：孩子注意力不集中，倾听能力较差，课堂习惯超差。

（三）下课表现

于是，我开始关注他的下课表现。柳同学下课时的表现却让我有点小意外。每次下课，他都特别安静地坐在自己的位置上，不与人交往交流，更不会奔跑打闹。同样，也不会有同学跟他一起玩耍聊天，他只是不停地摆弄自己的学习用品。可见，他是孤单的，是个不轻易与他人交往的孩子。

迎招而解

面对孩子的现状，我深感担忧，但静心思考，我认为任何一个孩子都应被公平公正地看待，每个人都有其闪光点，我相信只要用爱心感化，用真心对待，用耐心寻求最佳方法，孩子肯定会改变的。于是，我制定了以下策略实施，并且效果甚佳。

（一）绘本阅读，明理导行

孩子们特别喜欢阅读绘本，其中每一则故事，都会蕴含一个道理。因此，我在 9 月份的绘本阅读书单中特意挑选了两本适合柳同学的书，《小阿力上学去》和《大卫不可以》，每一本都有针对性的教育意义。《小阿力上学去》是引导孩子感受上学的美好，与同伴交往的快乐；《大卫不可以》具有行为养成教育意义，告诉孩子在学校如何才能成为一名好学生。

在午间休息时，我与他共享了这两本书。并且互相交流了读后感受。以下就是我们看完《小阿力上学去》的交谈实录：

柳：张老师，上学可以交到好朋友，我也好想交朋友。可是，我们班里的同学下课一个个都不肯跟我玩，所以我一个朋友都没有。

张：怎么会呢？其实小朋友们都很喜欢你，还有张老师也是你的大朋友啊，瞧，我不是在陪你一起看书吗？

柳：嗯，是的，谢谢张老师。那我还想跟小朋友一起玩游戏，我担心他们不理我。

张：（立即叫来三位同学）孩子们，柳同学说他觉得自己没有朋友，很孤单，你们愿意成为他的朋友吗？

三位同学（异口同声）：我们愿意！

张：去吧！跟他们一起玩吧！

话音未落，四个天真可爱的孩子就已经聊得不亦乐乎了，听！走廊上还传来了他们的欢声笑语！

可见，《小阿力上学去》激发了柳同学与同伴交流的欲望，也削减了他对同伴交往的恐惧，于是我顺势引导，让其感受与同伴交往的快乐。此后，每当下课，都能看到他与一两个同学一起玩耍聊天的身影。看来绘本阅读，对孩子的教育效果是值得肯定的。

（二）小队学习，榜样助力

随着年龄的增长，孩子们会越来越重视同伴，也就是说同伴的力量甚至可以超过家长和老师。为了提高柳同学的学习积极性，我特意在班级中开展了小组学习。学习小组的目的，是帮助班里面学习较困难的同学，提升其学习积极性，并且提高其学习成绩。因此，在组队时孩子们就已经明确了组里的帮扶对象，在每组里面也必定会有能力强、责任心强的同学来担任小队队长。比如柳同学就被中队长苏同学收入队中，他们有一个非常温馨的名字，叫作“爱心小队”，小队还有目标，就是改掉柳同学的拖拉与不专注等不良习惯。

在整个帮扶过程中，可以看到在校期间，苏同学都会提早将自己的学习任务完成，腾出时间来管理与督促柳同学学习，如果苏同学有事，组员唐同学会顶替苏同学。因此，自从有了学习小组，柳同学每次都能按时按量完成学习任务。其次，苏同学为了能够更加全方位地帮助柳同学，还特意创建了爱心小队学习微信群，每天督促柳同学在规定时间里完成作业。柳同学的妈妈也感叹道，爱心小队里的队员们很有爱，经常帮助柳同学。柳同学未记下作业，队员们立即拍照上传作业要求；柳同学作业不会做，队员们立即语音上传作业解析；柳同学作业完成了，队员们纷纷送上掌声……就是在这样一个有榜样助力，有爱心助力的学习小队帮助下，柳同学的学习日益进步。

（三）“波力兔”相助，赋予快乐

在一次阅读中我偶然认识了拥有很多好习惯的“波力兔”。正好我把一年级第一学期的班主任工作目标也定为好习惯的培养，于是，我就把班级称之为“波力兔中队”，在原有的波力兔形象基础上进行了创新，并结合“我很棒”的理念，设计出了新型波力兔。其次，我还与家委会团队设计了波力兔贴纸、波力兔奖励本，在孩子心中，波力兔是好习惯的代言人，是学习的对象，奋斗的目标。所以，能得到波力兔奖励是孩子们特别期盼以及兴奋的事。对于柳同学而言，我的波力兔更是显示出了超强的魅力，发挥了极大的作用，赋予了他很多的快乐。

在学习上，学生每次有点小进步，就能得到一只小波力兔；每积满十只小波力兔，就能换取一只大波力兔；获得两只大波力兔，就能换取一颗棒棒糖；获得九只大波力兔，就能得到班主任的一张储值卡。就这样，柳同学奖励本上的波力兔每天在增多，他的快乐值也每天在上升，学习的积极性也在不断提高。

（四）家长配合，反思前行

家长在孩子的教育上起着举足轻重的作用。孩子身上能折射出家庭教育的很多问题。柳同学的很多不良生活习惯、学习习惯，他父母绝对脱不了责任。我与他的父母也进行了深入的交谈。他父母反思道，在幼儿阶段，孩子身体比较虚弱，因此很多事情是父母包办的，导致柳同学很多能力上的不足。其次，为了不让孩子输在起跑线上，他们给孩子报了五个兴趣班，也就是说，每天晚上以及双休日，柳同学的大部分时间都是在兴趣班里度过的，所以他晚上入睡很晚，白天无精打采，对学习感到疲倦。另外，对于孩子的错误，父母也以包容为主，让孩子分不清行为上的对错。

针对以上几点，我提出了自己的想法，希望家长给予配合。首先减少兴趣班，由五个减至两个，有空余时间让孩子多多运动，与其他孩子多多交流与玩耍。其次，要给孩子灌输“我的事情我自己做”的想法，先扶后放，逐步放手，培养孩子的独立自主能力。最后，对于孩子的错误，要一分为二看待。原则上的错误，不能容忍，错了就是错了，还要严格要求，提醒孩子下次不得再犯；一般的错误，适当教育即可。

对于我的想法，柳同学父母非常支持，交谈之后，他们给我写了一封长达 2000 字的信，信中提到将采取以下措施，并会一一落实到位。

1. 多讲讲学习的好处，提高学习兴趣，强化学习意识。

2. 暂停英孚英语，取消童话阅读与表达和奥尔夫音乐，兴趣班仅保留诗文诵读和自然英语。

3. 每天 18：30 至 19：00 跳绳，活动半小时。

4. 每晚上床时间由 21：30 提前到 20：30。

5. 立即采购一张儿童床，分床睡。

6. 一日三省吾身，做好父母应有的榜样。

通过家校共同努力，孩子的表现日益进步。

解招而归

（一）成效

1. 礼貌待人，学会谦虚懂感恩

从柳同学对待父母的态度上就可以看出他在家里是娇生惯养的，但自从家校合力实施教育之后，柳同学在礼貌待人方面有了很大的改变。每天早上见到值周老师，他都会问好，平常见到任课老师也会远远打招呼。在家中的表现也好了不少，家长的意见都会虚心接收，也慢慢学会感恩了。

2. 语文课堂，激情四射有话说

柳同学在语文课的表现值得表扬。大部分时间他都可以做到端坐听课，只是偶尔会发呆做些小动作。最让我欣慰的是，在不断地鼓励中，他学会了积极举手发言，而且每次回答都会有自己独特的想法，在语文期末测试中，他的阅读得了优秀。

3. 下课期间，合理安排补差距

下课期间，以往他都是奔跑于各个大小走廊，而如今他大部分下课期间都在小队成员的帮助下，坐在位置上补习功课。其余时间他会和同学谈天，我也看到他的脸上时常会有灿烂的笑脸。放学他也很少会被老师留下补习，可见他做作业的习惯好了不少。

（二）反思

1. 奖励措施，坚持与有机更新有效衔接

在教育柳同学的过程中，奖励措施的多元运用起到了至关重要的作用。比如我制作了波力兔奖励卡。这一项奖励措施坚持了一年，在一年中还不断地添加其他的奖励措施，制定了免做作业卡、棒棒糖奖励卡、欣赏电影卡等，做到了坚持与有机更新有效衔接，不断激发柳同学的学习积极性，增强其学习的信心。

2. 家校合作，寻找共同教育的支点

任何人接受教育的前提都是建立起稳固的信任关系。现在很多学校开办家长学校，其目的不仅是指导家长做好家庭教育，对家长进行教育培训，也是为了构建家长对学校教育的信任。家长和学校之间构建起信任关系，家长会从多个角度思考学校教育，会主动与学校教育目标一致，形成合力。家长和班主任之间也要筑起一道信任墙，家长从多方面理解并支持班主任的工作，这有利于我们更好地开展班级工作，收获更多的教育成功。柳同学家长对老师非常信任，遇到教育问题，他爸爸经常会发信息咨询我："老师，我们该在家里如何教育？"柳同学取得进步后，他们也会和老师真诚地道谢。老师对他爸爸提出的教育意见，只要他有时间，他都会努力实施。所以说，孩子一点一滴的进步离不开家长的用心。

3. 习惯教育，难在坚持

柳同学在学习习惯上的成长很明显，但坚持是最难的。柳同学在语文学科上的成长值得称赞，但在其余学科方面还是存在很大的不足。比如英语学科，他在学习上就欠专注，作业还时有拖欠，接下来还要给予重点关注与帮助。

总之，孩子的改变是很大的，说明我们的教育是成功的。这样的教育案例更让我相信著名教育家陈鹤琴老先生说过的一句话：没有教不会的学生，只有不会教的老师。

如何理解青春期孩子的情感

“多一把衡量的尺子，就会多出一批好学生。”我们要做一个有母亲情怀的班主任，用欣赏的眼光看待每一个孩子，让每一个孩子抬起头来走路，尊重每一个生命，把爱和关怀撒向每一个孩子，给他们幸福，不论美丑，不论贵贱，不论好差！

——张　琳

与同龄人交往是小学生成长过程中不可或缺的重要内容，而且，要与同龄的同性朋友交往，也要与同龄的异性朋友交往。

来者何人

踏入青春期的学生们开始懵懵懂懂地知道一些男女两性之间的情爱关系，他们认为男女同学之间非常好就是“爱”的表现，因此很容易制造一些“谁跟谁好”“谁爱谁”的绯闻作谈笑之料，搞得“被谈者”如同身处剑丛而惶恐不安，不敢与他人正常交往而郁郁寡欢，心绪不宁而无心学习。且这种不良风气一旦蔓延开去，会加大男女同学之间的鸿沟，从而影响集体凝聚力，不利于开展各种活泼、生动的班队活动。

陈同学和王同学是四年级的两个男生，虽然来自于截然不同的两个家庭：王同学父母两个都是生意人，文化程度不高，对于学习没有什么辅导能力，独生子，父母对他比较宠爱，但对他的学习还是有一定的要求；陈同学也是独生子，父母都是公务员，工作比较忙，平时基本都是外公外婆在管，家里对孩子要求比较严格，特别怕爸爸。但两人有着共同的兴趣爱好，都喜欢打篮球，踢足球，平时形影不离，是非常要好的铁哥们。

倏然见招

我就曾经碰到过这样一件事：

一天下午，我正走在通往教室的楼道里，忽然前面楼梯的拐角处闪过两个人影，我定睛一看，是我们班的两个男生。他们一看到我，争论声戛然而止，急忙转身，准备“逃走”，“哎，等等我，等等我！”他们回头看看我，停下了脚步，互相努努嘴，显得有些无可奈何。

“嗨，有什么新鲜事吗？说得那么起劲！能说给我听听吗？”陈同学低下了头，王同学欲言又止的样子。“没事，说吧！不管什么事，我一定保密，也保证不批评你们。”我让这两个顾虑重重的孩子吃了颗定心丸，于是他们卸下了对我的心理防备，嘴里开始不停地埋怨对方，一个说对方把一个小女生惹哭了，另一个说对方喜欢女孩子。陈同学说：“老师，老师，我告诉你呀！王同学喜欢班里的一个女同学，我们和那个女同学说话，他还嫉妒呢！刚才体育课就是因为这个，说这个女生要和我们男生结婚了，结果把女孩子惹哭了。”“才不是这样呢！老师，他自己和那个女孩子坐在一起，总是说悄悄话呢！有一天我看到他们说话时头靠得很近，真色！”王同学也立刻抢着说。听到这儿，我真是又好气，又好笑。四年级的小孩子，居然把男生和女生的交往用“喜欢、嫉妒、结婚、色”来形容。两位同学继续你一言我一语地诉说着，边说边瞪一眼对方。仅仅一节体育课时间，一对好同学这么快就吵上了，唉，这些孩子呀！

迎招而解

看着他们期待的眼神，看着他们因生气而涨得通红的脸庞，我灵机一动，决定装糊涂，就说："哦，什么色呀？我可只听说过色彩斑斓、五颜六色呀！"那两个孩子相视一笑，笑得很天真。呵呵，孩子就是孩子啊，想得再多，吵得再凶，小脑袋瓜里想的却是天真的事。

听得出他们都觉得自己有理，于是我决定和他们再好好聊一聊。一聊，才发现这两个孩子顽皮的背后有不少天真与困惑。原来我们班有个女同学聪明能干，是老师得力的小助手，在班中威信很高，同学们都很喜欢她，这两个孩子也不例外。一直对这个小女孩很崇拜的王同学，当他看到陈同学和那个女孩这对同桌关系特别好，心里很不舒服，于是对陈同学有意见，但又不知道怎样表达自己的情感。而陈同学被人说成"很色"是因为他曾写过"情书"给那个女生，邀请女孩子来参加他的生日聚会。我一听暗暗好笑，多大的小孩呀，懂什么情书。看来，我一定要好好开导一下这两个孩子了。于是，我一本正经地告诉他们："为什么大家都喜欢这个小女孩？是因为她关心集体，对人友善，成绩优秀，乐于助人！如果你们两个也像她一样能干懂事，大家也会特别喜欢你们。"这时，他们眼睛里流露出赞同的神色。

接着，我又说："长大了找女朋友了，写给对方表达感情的书信才叫情书，同学之间传达一件事情，传传纸条，这就和我们说话一样，是很正常的一件事，更何况收到纸条的同学可不止这个女孩子一个人，据我所知，有好多同学都去参加那次生日聚会了。"看着他们不好意思的样子，我知道我说的话对他们起作用了，于是我问他们是继续留下来和我再聊聊，还是和解后一起回教室。他们两个相视一笑，像两个大人似的握了握手，就笑着离开了。

一场关于男女同学之间好感的风波就这样在轻松的交谈中悄无声息地平息了下来。相信这两个孩子今后会理性地欣赏同伴，并能正确地诠释“喜欢”这个词。

解招而归

现在的孩子大多数是独生子女，他们对异性的了解大多来自于书本、电视等，在与异性交往中，他们逐渐发现异性的身体变化、心理变化、言语变化、人际关系变化等。

少男少女在一天天地成长着，孩子到了小学高段，可能会对异性产生一种爱慕之心，这是很正常的事，不要把它看得很严重。虽然现在的孩子早熟，发育得比较早，但他们的行为只是对异性的一种倾向，一种好奇，一种向往，是完全正常的、健康的，他们只是希望了解异性，与异性交往并从中获得纯洁的友谊和成长的快乐。我们不能因为男女有别就不让他们交往，而是要通过集体活动大胆地、主动地让他们进行正常的交往，建立友谊。学生时代的友谊是最纯洁、最真挚而难忘的情感。男女同学交往要大方、得体，在集体活动中要互相尊重，落落大方，举止得体，诚挚坦率，共同进步。男同学要尊重照顾女同学；女同学要自尊自爱，活泼而不失文静。大家团结友爱，互相关心，互相帮助，不必过分拘谨，也不应过分随便，男女同学过度嬉笑打闹、你推我拉之类的举止应力求避免。

遇到特殊情况作为老师不应不管不问，而是要加以引导，以免影响学习。对于男女学生的交往，作为老师，我们要做有心人，平时要善于观察，正确理解，发现异常要及时关注，根据学生的个性适时引导，冷静处理。既不要漠视，也不要见风就是雨，操之过急，随心所欲，否则没事也会变成有事。

所以，作为教师，我们对于小学生的疑似早恋的行为，首先应该进行适当的引导，但绝对不能把孩子之间朦胧的好感简单粗暴地定性为早恋，也不要让他们感觉自己是做了坏事。如果周围的环境都告诉他，你在早恋，他可能会以为自己真的在早恋，可能会弄假成真；如果粗暴地制止，他们会认为大人禁止的事情，肯定很好玩，反而会去做，这就是弄巧成拙。

其次，不能失去孩子对我们的信任。孩子愿意把感情吐露给老师或家长，是源自信任，如果大人马上加以反对或制止，就会破坏这份信任，以后遇到同样的事情，孩子们可能不会开口给大人讲了。

再次，对于孩子之间发生的这些现象我们不要大惊小怪，认为问题有多么严重，要么对孩子严加斥责，要么就请家长，而家长也是批评斥责甚至辱骂痛打孩子。这些都是非常极端的做法，这样做的原因在于教师对这个问题的认识不够。我们知道，此时的孩子正处于青春叛逆阶段，你越是盲目反对和粗暴遏制，他就越想看看这么做到底会怎样，可能直接导致孩子真正开始早恋，甚至做出极端行为。所以作为教师，我们要多读读有关学生心理学和关于青春期心理健康知识的书籍，这样才能正确认识孩子与异性之间的交往问题。

最后，正确认识小学生与异性交往的问题后，就要知道该怎样来处理这些问题了。我们越是避讳的问题，学生越是想弄明白，其实这不仅是孩子的天性，更是人的本性。所以对于这个问题，我们不要把它看成是什么不能说的话题，相反我们应该通过多种途径对学生进行青春期心理健康教育，让孩子明白这是正常的现象。孩子们一般情况下都喜欢长得漂亮的，成绩好的，或者是品德好的异性，这些正好都是对真、善、美的追求。我们可以告诉孩子，美的东西我们大家都喜欢，可喜欢有很多种方式方法，我们现在还小，和同学、朋友之间只是友情而已，我们可以和他（她）交往，目的是向他（她）学习，做一个和他（她）一样的好孩子。

如何利用老师的“温柔”化解学生的对抗情绪

童年的华彩，常常会成就人生的精彩。温柔相待，给孩子搭建成功的舞台，常常是童年时代的华彩时刻；温和而坚定的爱常常会培养平和从容、坚毅奋进的孩子。所以用心呵护，用爱浇灌，温柔以待岁月和孩子是教师努力的方向。

——郑　萍

教育过程中，总会遇到这样的孩子：情绪敏感、极易反抗，激动时会与老师针锋相对、粗暴无礼，甚至会故意唱反调、搞破坏。对于这样的孩子，老师们常常采用的方式是批评教育，指出问题或与家长共同教育，勒令其改正。但这样的教育方式往往带来学生敌意的目光、设防的心灵，教师的义正词严、苦口婆心常常给师生关系增添许多的“硬伤”。其实在师生交往中应该提倡一种叫“温柔”的“软太极”。它常常给我们的教育带来神奇力量，如同和风细雨，温柔地洗去孩子心灵的尘埃。特别是对一个已产生对抗情绪的孩子，更应发挥温柔的作用。当你尝试冷静思考，温柔相待，往往会得到一个意想不到的结果。下面以一个过去教过的学生小张为例说说“温柔”的教育力量。

来者何人

小张，二班的“定时炸弹”。接这个班时，就有老师这样和我说。这个孩子脾气暴躁，与同学打架斗殴是经常的事。进一步了解了之后，我发现是他的家庭环境和经历促使他一步一步走向“暴躁”的深渊。

他是一个父母离异的孩子，父亲是城郊的一个拆迁户，拆迁之后整天沉迷于赌博。赌输了就会迁怒于小张，打骂是经常的事。他父亲经常说一些让人难以入耳的话。长期的耳濡目染，使孩子也变得静不下来，浮躁、不安分，骂人是“家常便饭”。

孩子主要跟他爸爸住，有时也会跟妈妈住几天。和他妈妈一起时，他妈妈经常会数落他爸爸的不是，说着说着，还会哭起来，小张也不懂如何安慰妈妈，妈妈就开始骂他，骂他和他爸爸一样，没良心。小张为此感到很无助，因为得不到关爱，还经常被打骂，久而久之，就变得无法控制自己的情绪，不时会发泄情绪。小张产生我行我素、对抗别人的行为也就可以理解了。

这是他上小学后的表现：

一、二年级的他，上课有时会在地上爬，完全不知道上课是怎么回事，有时会突然从位置上跑到后面去玩。

三年级时，他就和同学打架。有一次，他把一个同学的牙齿都打掉了，家长来找他时，他就躲起来。他还经常上课扰乱课堂纪律，有时会说一些脏话来骂同学，经常不做作业。

四年级开始，他就和老师对抗，常做一些违纪的事，有时还会骂老师。作业更是胡乱写几个字，有时干脆不写。被老师批评他也是一副爱理不理的样子。有时口头上答应了，回去后又原形毕露，毫无改变，基本是“承认错误，坚决不改”。

就这样，他成了一个典型的“坏小孩”。接到这样一个孩子，我瞬间觉得世界有点暗，但又有什么办法呢？我会教到什么样的孩子是没法选择的，只好带着试试看的心态走马上任了。

倏然见招

果不其然，接班的第一个月，小张“浮躁古怪”的行为，“满目疮痍”的作业，“毫无顾忌”的言论，每天变本加厉，让老师们一下就都认识了他，任课老师们都对他头痛得很。

现象一："浮躁古怪"的行为。一天早上，一向晚到的他，突然早早来到班里，坐在桌子上，说一个昨天看到的笑话，引得别人笑出声来，他就特别开心，说那些听他讲笑话的同学是"好哥们"。有个别的同学不理他，在看书，他看不惯，跑过去质问："我讲的笑话不好笑吗？装什么装！"还没等人回应，就打了别人一拳，接下来班里就乱成了一团，同学们也骚动起来，有找班主任的，劝架的，趁机玩的，再也没有人认真早自修。

现象二："满目疮痍"的作业。一天早上，我到班里批作业，班里只有两三个孩子，我批了他们的作业后，就想专门辅导一下小张，我让他把作业给我看，结果他找了半天，找到了昨天发的那张讲义，已经皱巴巴的一团了，展开来一看，第一题到第三题还做了一下，第四题开始涂了几次，最后被擦了一个洞，后面的题就随便写了个答案。讲义上面还有一滩油渍。这样的作业，真的让人无法入目，只好让其他孩子再去办公室拿一张新的给他。

现象三："毫无顾忌"的言论。教室里，科学老师在上课，对一个孩子的回答很是赞赏。小张却突然大声说："有什么了不起的？谁不会！"科学老师还算了解他，只是叫他坐好。他站起来说："某某也是一个逗比。"老师说："张同学，不要扰乱课堂纪律。"小张立刻回他："要你管？某某同学就是一个傻瓜，平时还不是和我一样，今天装模作样，小丑一个……"然后就停不下来了。

升到高年级后，小张说话更是肆无忌惮，脏话，傻话，搞笑话更是一堆一堆，影响上课纪律自是不必说。

我和任课老师各尽所能，讲道理，找家长，扣分，大声责备，班级大讨论……最后还是没有成效。

迎招而解

日子就在我们一筹莫展、束手无策的叹息中滑过。叹息之余，也曾思考过很多的方法，后来总结为“顺其自然”。可有一天，突然发现是“温柔”，用它的万钧张力激发了他对高尚、美好的渴望，也许他还会回去，回到原来的轨迹，但那一天我却实实在在地感受到他变了，有光彩闪过，我心动容。

故事一：突然的一个“契机”

那天早上，我来到学校时还很早，到了班里只有两三个学生，小张已经来了。我还没有开口，就有学生爆料说：“小张的作业又没有做！空空如也。”

也许是清晨的心情不错，也许是多次的责备没有起色，懒得动气，我什么也没有说，只是从讲台走到他的面前，他惊恐地望着我，猜想着我会做出什么举动，防备的双手还在胸前反复搓着。

从讲台走到他面前的一段路上，我反复对自己说：“世界如此美好，淡定最好！动气不好，不好！顺其自然才好！”说实话，我是强行克制自己的怒气。但人就是这么奇怪，因为克制，常常会做出奇怪的举动出来。

我走到他的面前，轻轻地理了理他的衣领，其实他的衣领还是很整齐的，只是红领巾有点歪了。可能是出于紊乱的思绪，我才有了这一举动，以平复自己的心情。

我说："是不是不会做？我来教你吧！"他吃了一惊，马上拿出了作业本。他还捉摸不透我想干什么，但我想我已经找到了激发他对成功渴望的钥匙——温柔的力量。

在之后的二十分钟时间里，我给他讲一道题，讲了4遍，才终于有了点眉目。小张感受到的是和以往不同的礼遇，心里应该是跌宕起伏，满心温暖，从不知所措到受宠若惊，再到暗下决心。因为专注，他那天的效率特别高，讲解了几道题后，他竟然也能回答上我的提问了。

苏霍姆林斯基说："在由人的精神财富外化而来的和谐的交响曲中，最微妙、最温柔的旋律当属于人的心灵。"这句话无疑告诉我们一个教育理念：育人先育心。一个得不到情感满足的孩子，他的心灵是干燥而粗硬的；一个没有安全感的孩子，根本顾不上学习。老师的温柔举动突然使他的情感有了安放之所，我也突然明白：只有让他的心灵先回到"家"，他的外在才会被温暖所改变。这是一个意外的收获，我有种被点醒的感觉，我想我算是找到了一扇门。

故事二：一个"拥抱"的力量

那天早上，我特别感动，为了鼓励他，我便亲切地对他说："如果你今天中午主动来找我交作业，不懂的来问我，我便帮你实现一个愿望。"当天中午，他将数学作业认真地完成了，主动来交给我。并问我："老师，我今天写得怎么样？"我的心一阵惊喜和感动，不自觉地抱了抱他，他一下子愣住了，一时不知道说什么好。也许这样的拥抱对他来说是一种奢侈，我顿时明白了他的孤独，也许做一个懂他的人，才能改变他。对于这样的一个结果，他是满心欢喜的。他一蹦三跳地就离开了办公室，也没有要求我实现他的一个愿望。看着他远去的背影，我明白了，他缺的是周边人的温柔相待。大家都习惯用针去戳他，他才会像刺猬一样做出防备的样子。看来，温柔才应该是对待他的武器。

这个拥抱不是我情之所至，自然的表达，而是我设定的。因为小张太缺少爱了，他的心灵枯竭了，我想我给不了他一汪清泉，但至少可以给他一滴泉水，也许日子久了也能滋润他的心田。结果我这个“拥抱”也真是恰到好处，他又一次被震惊到了，他的心也变得柔软了一些。

故事三："小恩小惠"感化他

以后的日子里，我经常会暗暗地观察他，也在班里安排了一两个同学去特别关注他。当他有什么需求，就想办法暗暗地帮助他。有时他早餐没有吃，就给他带上一份，有时候他笔什么的不见了，就悄悄地放一支在他桌子上。他家里人对他不好，我就找他来谈心。当然，辅导作业也是经常的事，现在每次找他来补作业，他也不逃了，其他老师的作业，我也让他补起来了。每次做完，我都给他一块巧克力，一份小点心。他慢慢地变得不那么刺了，眼神里多了一些感动。

他并不是一个不懂得感恩的孩子，当老师一点一滴地去关爱他时，他收到了这份温暖，也立即有了反馈。其实每一个“坏小孩”的心里都住着一个“好小孩”，只是他还没能找到安放之处。为了小张的转变，除了关心他，更多的还要创设一个适合他的环境，所以我和其他孩子一起帮助他，和他家长也做了沟通，反复提醒家长用什么样的语气说话等。我想：当小张的周围很多人都对他变化时，小张也就自然而然地变化了。

故事四：“主动请缨”的学习

有一天，他突然想起来，他的那个愿望还没有领。他跑过来对我说：“老师，我想起来，你曾经说要帮我实现一个愿望，现在我想到我要什么了。”我问他：“那你想要什么呢？”他诚恳地说：“老师，我想让你帮我补一下课！我前面落下太多了！”我又一次抱住他：“我很愿意帮你补，也相信你能全部都补回来。”后来，他每天利用中午时间来找我补课，想要学习的孩子补起课来是进步很快的，没多久，他的学习成绩就进步了很多。

量变终于有了质变。一个学期下来，小张的作业都让我满心欢喜。我想，改变就会有光彩，温柔有非凡的力量，于我于他皆是……

解招而归

也许正是因为当初一个并不是很有计划的“契机”，孩子有了莫大的改变。之后又常常给他一些关爱，比如在他没吃早饭的时候，给他几块饼干，在没有雨伞时，借给他一把雨伞。慢慢地，他对别人不再那么有敌意了，他的作业也一天天好起来。上课的表现也有了明显的改变，后来他竟然主动学习了。可见对于一个常常与人对抗的孩子，温柔是有着万均张力的。

温柔是力量。如同春天的细雨，人们很少有时间和机会目睹它的芳容。但它有着非凡的力量，会深深地打动孩子，烙进孩子的记忆，决定或改变孩子对人和事的看法与态度，洗涤他们的心灵。正如这雨，不知不觉中，拂去了城市日积月累的伤痕。

温柔是爱。教育不是用来栽培仇恨的，它的一个最重要的功能是教会人们懂得爱、学会爱、珍惜爱，爱自己也爱别人。对此，古往今来的许多贤哲都曾有过论述，例如，泰戈尔曾经说过：爱就是充实了的生命，正如盛满了酒的酒杯。可现在有些人过于功利，以学业为第一，所以会有过高的要求，更多的责罚，使教育失去了本质的含义。而温柔则是现代教育的一朵奇葩。温柔是爱的外在表现，只有内心充满爱，才会有温柔的时刻，使教育放出璀璨的光芒。

温柔是方法。英国最近一项研究表明，家长既要对孩子严格教育，又要温柔关怀。这是培养高素质孩子的关键，父母“刚柔并济”，既对孩子的行为严加约束，又能展现“柔情一面”，关爱有加。这样，孩子在学前、上学期间和青少年时期会表现优异，他们自信、竞争力强。学校教育也是一样，对待学生既要有严格的时刻，也要有温柔的一面。

当然，每一个孩子都是独一无二的，在教育过程中，温柔相待只是方法之一，所以温柔总是和其他方法并用的。最好的方法是：制定与孩子年龄相符的纪律，监督他们的行为。同时还要非常了解孩子的需求，既善于倾听，又能与孩子温和地交流。总之，发挥温柔的力量吧，它会让我们在教育过程中收到意想不到的效果。

如何保护低段孩子的好奇心

作为一名教师，我认为教育的本质就是要促进学生的身心发展。淡泊明志，志存高远。在踏踏实实的工作中，体会平凡的美妙；在粗茶淡饭中，享受生活的美好。“嚼得菜根者，百事可做”。

——柯 伟

好奇心是个体遇到新奇事物或处在新的外界条件下时产生的注意、操作、提问的心理倾向。好奇心是个体学习的内在动机之一，是个体寻求知识的动力，是创造性人才的重要特征。对于孩子来说，好奇心是学习兴趣的动力，是孩子探求新事物、发现新问题的源泉。对于孩子的好奇心，要给予足够的重视和尊重。

来者何人

小菡是个活泼好动的女孩。入学前去家访时，我看见她正趴在桌上画画。小菡的父母告诉我，为了让她能坐得住，只能让她坐着画画。但是没过几分钟，她就注意力分散，父母也觉得很无奈。父母工作比较忙，平时也无暇陪伴，对孩子基本是放养。入学后，我发现这个孩子的好奇心特别强，什么事都要问，什么都想试一试。其他小朋友的东西，她也喜欢摆弄。我的讲台上的物件，都被她翻了个遍。

倏然见招

一天中午，我到教室去找需要订正作业的小朋友。一进教室就看见小菡在玩我放在讲台的红墨水，还用我的钢笔在自己的指甲上涂，两手满是红墨水。周围一圈孩子，都羡慕地看着她，跃跃欲试。

她看到我，先是一怔，然后涨红了脸，把两只小手放到了后面，不敢伸出来。我轻轻地拉住了她的手，掰开一看，手指甲涂得红红的，很不均匀，手指上也都是红墨水。

迎招而解

策略一：倾听为先，了解原因

看着孩子满手的红墨水，我哭笑不得，心里想：她一定是觉得好看，才会把自己的手指甲涂得红红的，这是一种模仿。我一定要了解事情的来龙去脉，才能“对症下药”。于是我指着红墨水问：“为什么要涂自己的指甲呀？是不是觉得这个颜色很好看？”她大概没想到我会这样说，连忙点点头，说：“我妈妈涂了红指甲，我也想涂一涂。”

苏霍姆林斯基说过：“教育艺术的基础在于教师能够在多种程度上理解和感觉到学生的内心世界。”教育过程就是老师和学生双向活动的过程，老师耐心地去倾听孩子的心声，可以得到孩子的信赖。倾听其所言，倾听其所想，从而走进孩子的内心世界，了解他们的行为动机，把握教育的最佳时机。

策略二：动手实践，体验解惑

我又说：“如果是这样，我们就一起来研究研究红墨水，好吗？”她已经没有一开始的紧张了，兴奋地说：“好啊好啊！柯老师，这钢笔怎么会写出红的字来呢？”看着孩子们兴奋的脸庞，我让他们围成一圈，我坐在中间，告诉他们：“如果钢笔肚子里吃进红墨水，吐出来的就是红字；如果吃进去的是黑墨水，那么就会吐出黑字。”我故意顿了一顿，接着问，“如果吃进去的是蓝墨水呢？”孩子们异口同声地回答：“蓝字！”“可是钢笔又是怎么吃进墨水的呢？”小菡又问。我一边拿起钢笔，一边说：“老师演示给你们看。”于是，我把钢笔套拧开，把钢笔放进墨水瓶，说：“你们看，只要我按住钢笔的这根小钢管，轻轻往里一按，空气跑到管子外面了，再把手一松，墨水就顺着管子跑进去。”我拿出钢笔，倒过来，用手指在钢管上轻轻一弹，管子里就呈现了一片红色。孩子们好奇地睁大了眼睛，一个孩子说：“老师，这跟我家里的那支一模一样诶！”我点点头：“那想不想自己来玩玩？”“想！”孩子们大声回答我。我让他们逐个排好队，让每一个孩子试着按管子，当他们看到钢笔管子里流进了红墨水时，一个一个激动得手舞足蹈！小菡打破沙锅问到底：“柯老师，墨水是怎么到钢笔的肚子里去的呢？它又没有嘴巴。”“哦，是这样。”我笑了笑，把钢笔的笔尖伸到她面前，“看，笔尖后面有个小孔，我们按住钢管时，墨水就会在空气压力的帮助下，从这个地方流进钢笔的肚子里。”孩子们都笑了：“原来是这样啊！”我抚着小菡的头说：“现在你明白了吧？红墨水有什么用处呢？”她得意地说：“我知道了，红墨水是给钢笔写字用的！”“对呀！你妈妈涂在指甲上的，是红墨水吗？”“这个……”她呆住了。我用力揉着她的手，给她看手指上揉掉的痕迹：“看，红墨水一搓就没有了。”她笑了，说：“妈妈涂的肯定不是红墨水。”“对的，你妈妈涂的是指甲油，对小朋友的身体是有害的哦！”

如果孩子的好奇心仅仅停留在好奇的层面上，那么好奇也只是好奇而已了。满足孩子的好奇心，目的不是为了告诉孩子答案，而是用启发、引导的方式，让他们去探求事物的真相。通过简单地介绍钢笔的构造和墨水的作用，我让孩子们自己去体验和实践，满足了他们的好奇心，扩充了孩子的知识面，培养了他们的动手能力。

策略三：行为指导，纠正错误

看着周围的孩子们，我严肃而认真地问："有人没有经过你的允许，就翻动了你的东西，你们会开心吗？"突然之间，孩子们都愣住了。我又问小菡："你喜欢别人翻你的东西吗？"

她脸红了，一脸诚恳地说："老师，我错了，以后我不翻你的东西了！"我笑着追问："那其他小朋友的东西呢？"她笑嘻嘻地保证："柯老师，以后我不会啦！"我跟她拉勾："你答应老师，以后不乱翻别人的东西，我就教你更多好玩的事！"她开心得手舞足蹈，满口答应。

反思是一种认识，必须付诸行动，才能见实效。于是，在接下来的谈话课上，我又对全班孩子进行了常规教育，让孩子们说说他们对自己喜欢的事物，要采取怎样的行动，对于未经允许乱翻别人东西的行为，他们是怎么看的。孩子们的想法、说法，都让我非常欣慰。通过这次教育，小菡也改正了自己的行为，不再有以前的随意之举了。

解招而归

纵观整件事，主要原因是小菡对老师每天要用的钢笔充满了好奇。有好奇心并不是坏事，只是有的孩子会因为好奇而突发奇想，做出一些“调皮捣蛋”的行为。如果老师采用批评和压制的方法，使用“不行！不可以！不允许！”的禁令，那么孩子的好奇心就会被扼杀，对老师也会产生疏远和敬畏，以后再也不敢在老师面前吐露自己的真实想法了。所以，我在处理时，运用先倾听后指导的方法，了解了她这么做的原因，及时纠正她的错误，并满足了孩子的好奇心。

倾听是沟通的开始。记得著名教育专家孙云晓曾说：“倾听，最根本的方法就是忘掉我‘自己’。”也就是说，我们大人如果太把自己放在心上，就很难去听孩子内心真正的话。很多时候，大人想当然的事情，在孩子眼里可不一定就想得明白！如果我不分青红皂白批评小菡一通，就无法了解她的真实想法。

孩子的好奇心需要老师的耐心保护。好奇心是非常珍贵的，孩子的好奇心一旦受挫和压抑，那么他们探索世界的兴趣就会被扼杀，对老师也会失去信任。

对学生特殊行为方式的宽容就是尊重其个性发展特点。其实学生犯错并不一定是件坏事，因为学生犯错的过程也是一种尝试和发现的过程。一位社会心理学家曾经说过：“我们期望学生犯错。因为从错误中吸取教训，便可争取明天的成功。”可在我们的实际教学工作中，学生犯错误往往是令老师最头痛的，我们总希望学生能少犯错误或不犯错误。而在对待学生所犯错误时，我们往往又少一分耐心，少一分创新，久而久之，老师就会变得“面目可憎”了。作为教师，我们要善待学生的错误，学生在学习成长的过程中，肯定会犯这样那样的“错误”，此时就需要我们教师换一种眼光看待学生们的错误，以心对心去滋养学生的心田，以一种宽容的心态去包容学生的错误，去化解学生的不良情绪，巧妙合理地把学生的错误作为一种教育资源，引导他们从正反不同的角度去看待错误，并改正错误。切不可用成年人的眼光去要求孩子，更不能要求孩子做任何事都要绝对正确，要允许孩子犯错，因为在错误中，他们会有更多的人生体验。

在处理这件事情时，我给小菡创造了比较宽松的环境，放慢节拍，并没有批评她擅自拿老师的钢笔，也没有批评她涂了红指甲——小菡仅仅是因为好奇才擅自去翻动我放在讲台上的钢笔，她是不懂。在她承认错误后，我没有对她的行为做任何批判，这就一下子拉近了我与小菡之间的距离。对于她感兴趣的事物，我做了耐心的解答，并让孩子体验，指导他们试一试自己灌墨水，满足了他们的好奇心，使这件小事得到了很好的解决。

如何让孩子走出阴暗的心理

谁爱孩子，孩子就爱谁。只有爱孩子的人，才可以教育孩子。对孩子付出真诚的爱，孩子会回馈你满满的幸福的爱，这是礼尚往来，是心灵的相互交换，也是爱的传承和延展。爱孩子，这个世界将处处洋溢着人间真爱。

——查　超

当前我国正处于经济社会迅速发展的变革时代，科学技术的进步，生活节奏的加快，竞争压力的不断加剧，使学生产生了紧迫感和压力感，尤其是小学高段的学生，他们的认知和思想逐渐成熟，有了自己的想法，他们面临的压力也是多方面的，如面临是否读民办初中的压力、是否参加课外辅导班的压力、人际交往的压力等。这些压力常常让一些孩子透不过气来，甚至出现心理问题。而家庭教育方法的不当，是引起孩子心理问题的重要因素。如父母对孩子溺爱迁就、百依百顺，使孩子形成骄傲、自私、任性等不良性格，而有的家长则采用打、骂、吓、关等惩罚性教育，都不利于孩子的成长。研究表明，父母的教育态度矛盾，家庭和睦程度越差，儿童心理健康状况就越差。不和睦的家庭或父母离异，容易使孩子不知所措，形成自卑、抑郁、性格古怪、急躁等心理。许多研究发现，我国中小学生的心理健康状况令人担忧，学生心理健康问题发生率比较高。很多时候学生产生心理问题的根源并不在学生自身，而是学生所处的各种复杂的环境因素。

我们班的小 C 同学就存在这样的心理问题。

来者何人

小 C，五年级学生，在老师眼中，他不太善于交际，集体的事情从不主动要求帮忙，在遇到困难时，容易掉眼泪，被批评后从不悔改。在同学眼中，这是个喜欢恶作剧的同学，常做一些损人不利己的事情，大家都不爱跟他交朋友。在家长眼中，这个孩子“从小心理阴暗”（家长的原话），如果家长不能满足他的要求，他誓不罢休。家长什么招数都用上了，结果却事与愿违。和家长吵完架，他会找机会报复。种种迹象表明，孩子的心理有问题。

小C从小和爷爷奶奶、爸爸妈妈一起住。爸爸在火车站工作，妈妈是商场营业员，父母平时忙于自己的工作。小时候，每当小C犯错，爸爸妈妈批评他时，爷爷奶奶总会护着他，妈妈和爷爷奶奶关系就紧张起来了，经常吵架，过后双方又把气撒在小C身上。这样不和睦的家庭，常使小C不知所措，失去应有的爱抚，形成了自卑、抑郁、性格古怪、急躁等反常心理。

倏然见招

早在一、二年级时，小C班里就经常少东西，特别是小C附近的同学，不光少铅笔橡皮类的东西，有时课堂作业本、课本、餐具都会不见，学生的家长也来找过我，大家都感觉是小C拿的，但是苦于没证据。作为班主任的我，虽然也怀疑过，也找小C问过，但他就是不承认，而我总想着孩子犯错也正常，只要正面引导，慢慢地总会改变的。

一个周一的困难班后，小Y的笔袋不见了，据他跟家长描述，肯定是小C拿的，小Y家长为此给我打了电话，反映了种种情况。第二天一早，又有一位同学的语文课堂作业本不见了。我感觉到如果再发展下去，对整个班集体的发展很不利，对孩子的成长也是很不利的。后来经同事提醒，决定利用学校监控进行调查，录像中，清楚地记录了小 C 的一举一动，他做每一个动作时冷静得让人毛骨悚然。

迎招而解

（一）理解但不迁就

我找到小 C，询问他在周一困难班时做了什么坏事，并告诉他，没有证据，我是不会轻易问他这个问题的，小 C 看了我半天，像以前我询问时一样，没有承认自己做过什么，但他的手部动作没有逃过我的眼睛，这分明是掩饰自己害怕的心情才做出来的动作。我握住他的双手，让他不要乱动手指，并告诉他，我有录像为证，希望他告诉我实情。犹豫了半天后，他总算承认自己拿了别人的笔袋，但其余的事情一概不承认。快放学了，我担心他因为这件事情而不敢回家，于是打电话找来了他的妈妈，让她来接孩子。他妈妈告诉我，其实早在幼儿园时，小 C 就有这个毛病，看到喜欢的东西就占为己有，得不到的东西就破坏，因为这样，家长对他的种种物质上的要求都会满足，但他的毛病却越来越厉害。在录像面前，他又承认了自己拿了别人的语文课堂作业本，可是这些东西已经被他扔掉了。原因是别人可能说了一句他不喜欢听的话。

为了让他记住这次教训，我和他的家长达成共识，拿了同学的东西必须全部还给同学，丢掉的语文课堂作业本，买来新的后，前面所有的作业必须由小 C 来补，这样做，是为了让他明白，做错了事情要负起责任来。晚上，我又和他家长联系，希望在第二天早上，家长能把孩子送到教室，因为我担心孩子会因为害怕而做出出格的事来。

在班中，我也没有公开这件事情，只有少数受害的同学知道，我还特意关照这几个孩子，让他们不要随便宣传，是人总会犯错的，我们要给他机会改正错误。在这之后，谁也没有再提起这件事，老师和同学给予了他更多的宽容的爱，我们还是像以前一样，真诚地对待小 C，小 C 也体会到老师是真正地在关心他，帮助他。在和小 C 沟通的过程中，他也坦诚地告诉我，当初做恶作剧就是想引起同学的注意，想跟同学玩，但方式方法不对，反而引起同学的反感，这样恶性循环，他自己也很焦虑，也很难过。现在，他明白了只要真诚地对待同学，他也可以找到伙伴。

作为班主任，面对这样特殊的孩子，首先要觉察孩子行为问题背后的心理需要，去理解孩子，并调整自己的工作方式，关注孩子的心理变化，使他慢慢地融入班集体这个大家庭。

（二）关爱但不溺爱

同时，我决定从生活上更关心小 C，让他体会到老师对他的关爱，让他家长体会到老师的努力，这样，他们才会更配合我们的工作。之后的日子里，只要是小 C 有一点小的进步，我就在全班同学面前表扬他。我还让班干部多帮助他，和他交朋友，在他遇到困难的时候，主动帮助他，让他体会到班级的温暖。从心底里体会到老师和同学的关爱后，他慢慢地有所变化，愿意为集体服务了，在班里也交了好朋友，恶作剧也越来越少。

但是，小 C 在家里的表现还是不尽如人意，因为从小爷爷奶奶宠着，稍有不顺心，他就会报复家长。一天，他奶奶告诉我，早上，小C因为爷爷不给买玩具，就和爷爷吵架，吵完架就上学去了。放学回家，小C看到爷爷在上厕所，他端起一盆冷水就往爷爷头上倒去，这大冷天的，爷爷冻得瑟瑟发抖。爸爸看到这场景，气不打一处来，抄起棍子就打他，但小C就是死不承认错误。爸爸妈妈拿他没办法，只能来求助我。听到这样的事情，我也是非常惊讶，看这段时间小C在校的表现，也不至于做出这种事情来啊。这到底是为什么呢？我该如何引导这个孩子呢？

于是，我找到小C，他很警惕，觉得我肯定是要批评他。但我没有这么做，我先表扬他近段时间在学校表现进步很大，又问了一些近几天班里的事情。他非常意外，胆怯地问我："老师，你找我不是要批评我吗？"我顺势问道："那你做错什么了呢？"他迟疑片刻后，把前一天发生的事情告诉了我。我认真地听完，问他为什么这么做，他表达了自己对家庭的不满，平时爸爸妈妈都没空管他，而爷爷奶奶管不了他，就在物质上满足他，这次没有满足他，他觉得爷爷奶奶也不爱他了，他在家里没有人爱，没有安全感，所以要报复他们。听了他的这一番话，我内心很不平静，家庭教育方法不当竟然使得这个孩子心理扭曲到这种程度。我冷静下来，慢慢地和他沟通，让他明白不管怎样，父母长辈都是爱他的，他们只是不知道用怎样的方式来爱他。我举了不少父母为他付出的例子给他听，他慢慢地明白自己确实做得不对，回家后跟父母及爷爷奶奶道了歉。之后我把他的父母找到学校谈话，让他们多抽空陪陪孩子，让孩子体会到父母的关爱。在孩子犯错时，如果父母对子女过于严厉和粗暴，教育孩子时缺乏耐心，会导致孩子没理解被打骂的原因，不知道错在哪里，在心里积压下不满情绪，有的人成年后，只要稍稍受到不公正待遇，就会产生不可遏制的愤恨并实施报复。

面对这样的特殊孩子，班主任要给予更多的关爱，不过分苛求，让他更有安全感，当他犯错时，要让他明白自己错在哪里，引导他改正。

（三）宽容但不放纵

班主任们要明白犯错误是孩子的天性，更是孩子的成长，孩子有犯错误的权利，因此，只要不是原则性的大错，班主任就要利用一切教育资源给学生一个台阶下，其实就是给学生一个认识、改正错误的机会。学生会从你的宽容中感受到你对他的爱护和人格的尊重。学生从这个尊重开始，就可能对自己的言行进行反省，实现“内心矛盾和斗争”，这是一个从被动接受教育到主动进行自我教育的过程。案例中的小C，老师给予他更多的宽容，更多的理解，才能让他慢慢地走出心理阴影。

给学生宽容，创设台阶是引导学生进行自我教育的契机，表面看来是“退一步”，而实质上是在“进两步”，这使教育真正深入学生心灵，并让学生内化为自觉的行动。我们的教育要致力于使学生自己认识错误，并努力改正错误，最终实现学生的自我教育。我们在呼唤“尊师”的同时，更要注意去“爱生”，我们的工作对象是人，是缺乏知识积累，辨别控制力不强而又具有丰富情感的人。关键是我们如何去宽容，如何去引导。听之任之，那不是宽容，而是放纵；横加指责，讽刺挖苦，必定伤及孩子的自尊和自信，结果往往会令孩子自暴自弃。一名新时代的班主任要学会宽容学生，就要在工作中多一些耐心，多一些爱心，多一些理解，多一些信任，才能赢得童心，收到良好的教育效果。

解招而归

我想，我们的教育就是要敢于面对孩子的真实成长，人类的发展史就是一个不断纠错的历史，何况孩子的发展。孩子犯错，往往是情理之中的事情，只要教师尊重孩子，正确看待孩子的情况，就会用一颗心体谅一颗心，对之宽容但不放纵。就像习总书记倡导的一样，让孩子“要听得进意见，受得了批评，在知错就改、越改越好的氛围中健康成长”。

在大量缺乏专业学校心理咨询工作者的当前，作为班主任的我们在学生的心理成长过程中起着不可替代的作用。面对特殊的孩子，首先要觉察孩子行为问题背后的心理需要，把班主任工作做好、做透、做扎实，并调整自己的工作方式，关注孩子的心理变化，使他慢慢地融入班集体这个大家庭。我们要努力提高学生的心理健康水平，理解但不迁就，关爱但不溺爱，宽容但不放纵，让孩子走出阴暗的心理，让每一朵生命之花绽放。

如何给孩子一个解释的机会

一个鼓励的眼神，一声亲切的问候，能让一名潜质生从此走出亮丽的人生。在每个孩子心中最隐秘的一角，都有一根独特的琴弦，拨动它就会发出特有的音响，要使孩子的心同我讲的话发生共鸣，我自身就需要同孩子的心弦对准音调。

——黄艳琴

都说当教师难，难就难在教师的工作对象是人，是活生生的高级动物，是有着世界上最复杂的思维活动的一群“生灵”。

教育家吕型伟曾说过：“教育需要爱，也要培养爱。没有爱的教育是死亡了的教育；不能培养爱的教育，是失败的教育。爱是教育的生命线，爱是教育的润滑剂、催化剂也是黏合剂。”

好教师不仅能增进对学生的理解，更是一个关注并能影响学生行为的人。他能够正确地判断学生不同的个性并据此采取相应的教法。他通过自身对学科的投入精神来激励学生学习。他对偏见以及不公正等明确表明自己的反对态度。他将使他的学生尊敬他，并使学生产生超过老师的愿望。也许将来某一天，学生会说：“一个人一生当中能遇上一位好教师，就很幸运了；如果你有不只一位好老师，你可能就会成为一个天才。”我们都希望自己能成为学生心中的那位“好老师”。

一、来者何人

现实生活和教育中，由于独生子女、二胎现象、智能化时代的到来……孩子们表现出这个时代特有的复杂心理以及行为问题：缺乏安全感、信任度；自信度不高；与同伴的融合度不高……家长、教师的快节奏工作和生活，导致经常无暇顾及孩子们心理上出现的障碍。因此，作为教育者，应适时给孩子一个解释的机会，一段缓和并及时解决心理问题的时间。

程同学是我新接的班里的学生，为人宽容而又善解人意，但在我第一次给这个班上课时，我没有给孩子解释的机会，导致我误会了程同学，并对他进行了“冷处理”。这件事给我敲响了深刻的警钟。

倏然见招

那一次是我新接手一个班的第一堂语文课，精心准备过的我自信满满地走进了教室，我独特幽默的开场白和自我介绍，很快抓住了同学们的注意力，哈，成功了第一步！接下来是“开火车”朗读课文，教室里气氛十分融洽。

“好的，第三位。”我笑容满面地说道。却没有一个人站起来。

没反应？我提高嗓门再次叫道：“第三位，对，就是你！”我指着他说。还是没见他站起来，教室里开始出现小声的嘀咕。同学们的目光开始转移到教室最右边的第三排座位上。我的好心情开始变坏，我走到他的座位旁边，耐心地说道：“你是紧张吗？你叫什么名字？老师很想听你朗读，可以吗？”

他只是摇摇头，还是没有站起来。教室里嘀咕声多了，也大了。我耐着性子又说了些鼓励的话，可他依旧不停地摇头，连话都不回答一句，更别说站起来了……如此僵持了好一会儿，全班学生也混乱了，有些胆儿大的，干脆站了起来。“他叫程小律。”有孩子告诉我。不行，这样下去不行，我的第一次课都被他弄砸了，这个学生真的太有个性了！“你，站起来！”我只有使出“杀手锏”——大吼。

全班同学被我高八度的声音惊得一怔，所有的目光齐刷刷地聚焦在程小律身上，闹哄哄的教室骤然安静了下来，静得仿佛都能听到彼此的呼吸和心跳。同学们都敛声屏气，等着即将来临的暴风雨。可 10 秒钟过去了，半分钟过去了，程小律却丝毫没有站起来的意思，手紧紧地攥住凳子，唯恐我会抢走他的凳子似的，还开始小声地嘀咕起来……“真不想起来？”我又问了一遍，算是最后的通牒。

……

他仍旧摇头，仍旧不停地嘀咕，似乎在说看你能把我怎么样！这样下去我的威信何在？颜面何在？此时，我彻底地被推到了愤怒的边缘，恨不得一把把他拽起来，推到教室门口。但是如果我这样做了，肯定是以我的扬长而去和他的伤心哭泣收场，这次精心准备的课也将以失败而告终。可我究竟该怎么处理呢？台下好多双眼睛正盯着我呢！我深吸了一口气，强迫自己冷静下来，心里飞速地想着办法。我突然想起前几天看到的一篇文章中的“换位思考，理解孩子”，这句话让我平静了下来，于是我十分真诚地对大家说：“今天是我们的第一次见面，我昨天晚上很晚才睡，一直在准备今天的课，就是为了能让大家很快喜欢我，我也能很快融入这个大家庭。可是……”我故作委屈地顿了顿，同学们立刻发出了对程小律的不满声，这时我看见程小律的眼里闪过一丝愧疚，我知道有些效果了，就接着说：“也许程小律现在有别的原因，我们可能不了解，我们还有很多的相处时间，我相信他会愿意和我们合作的，是吗？”在我和全班同学期待的眼神中，这次，他终于站起来了！“呼——”我暗暗松了一口气，并且给了他一个鼓励的眼神。然而，他的朗读让我刚捡起来的好心情一下子跌落至谷底：他用一种奇怪的声音来读课文，简直是在怪叫！顿时，全班同学笑成一片。天啊，我所有的耐性与理智荡然无存，心想什么换位思考，怎么不见他对我换位思考啊！“你以为你是谁啊！”我真想冲口而出，但是为了维护自己的形象，我硬生生地忍住了。“下课再来找你”，我气呼呼地想，便下定决心不再理睬他。我控制住自己的情绪，转而重新开始笑容可掬地上课，虽然整体气氛还算融洽，但我对刚才发生的那一幕还是无法释怀，眼睛不时地瞟向程小律，可看见的总是他那副心不在焉的模样，我的心又是一阵紧缩，忍不住瞪他一眼，心想：“真是岂有此理！”整节课我心里一直愤愤不平，以至于完全忽略了他眼里的委屈。

迎招而解

事后，我决定对他采用冷处理。很快我就和这个班的孩子打成一片。我和每个孩子愉快地聊天、游戏，就是装作没看见他。好几次我看见他来找我，我就故意找理由避开。看你以后还这样不？我心里暗自得意。直到第二个星期三中午，“你怎么知道我不对？”一阵抽泣声传来。“你对什么对啊，你哪是朗读，阴阳怪气的，故意给老师难堪！”接着是另一个气鼓鼓的声音。看来我的魅力还是挺大的，才一个星期，就有了忠实“拥护者”。正在我沾沾自喜时，“你知道什么，我那天发烧了，嗓子全哑了，我怕自己读不好，才不站起来的，你又不是不了解我的嗓子，一哑就变声……”接下来就是一阵呜咽声。什么？我像挨了当头一棒，愣在那里。半晌，我才反应过来，我真的错了。唉，小黄呀小黄，你是怎么搞的，不是告诉自己要换位思考的吗？为什么不能静下心来想想原因呢？为什么不能给他机会听听他的解释呢？我脑子乱极了：惊讶、悔恨、感动、自责……所有的情绪像潮水一般向我涌来：我急忙跑到程小律身边，望着程小律哭红的双眼，我难受极了，我是真的狠狠地伤害了他！想想自己为维护所谓的尊严决定丝毫不理睬他时的绝决，想想自己看见他时的冷漠，竟连一个解释的机会都不肯给……而程小律呢，整整一个星期，他却只能一个人委屈地躲在墙角哭泣……我真恨不得痛扁自己一顿，连忙愧疚地对他说：“小律，是老师不好，没有了解清楚原因就觉得是你的错。”而程小律听到我的道歉，先是一愣，接着就破涕为笑了，连连对我说没关系，还说：“不，老师，是我不对，我应该事先跟您说明原因的。”眼前这个宽容而又善解人意的孩子，就是我认为的那个岂有此理的孩子吗？我的判断力可真是糟糕透了！你哪里是个好老师啊！又气又悔的我暗暗自责着。虽然通过谈话、道歉，总算圆满地解决了这件事，但是它将永远铭刻在我的脑海里！

解招而归

老师让孩子站起来朗读课文，孩子坚决不肯，当老师“动之以情，晓之以理”，终于让孩子朗读时，孩子却偏偏用怪腔调来朗读，这是多么令老师恼火啊。可当我了解了事情的原委后，这些又变得那么的自然，那么的有道理。而这许多本可以成为自然而又有道理的东西，却因为我的固执，未能给孩子一个解释的机会，而变得荒谬、可笑。这个情景是我在以后的教学中经常反思和回忆的，它帮助我正确地解决了一件又一件师生之间的“出乎意料”。

1. 即使直觉告诉自己孩子错了，也要给孩子一个解释的机会。“我们要用微笑看待学生，学生便会用微笑回报我们；我们敞开胸怀接纳学生，学生才能打开心灵之门欢迎我们。”只要一发生类似的事情，我总会想起程小律当时抽泣的声音和那双受伤的眼睛。它让我知道，作为一名教师，在意外发生的时候，伴之而来的是学生某种隐性的心理需要。前提是我们要有爱心和耐心，还要讲究艺术和方法。我们不要吝啬多给孩子一个解释的机会，不要轻易认定学生是故意捣乱，更不要动不动发脾气，采取简单化的呵斥、赶出教室之类的处理办法。那样去维持课堂教学秩序，虽然也“有效”，但对课堂气氛、师生关系有很大的负面影响，因而对教育教学效果也有直接的负面影响，是不可取的。而程小律那破涕为笑的一幕更让我懂得，多给孩子一个解释的机会，就是多给孩子一个和你亲近的机会。这种亲近形成了一道美丽的风景线，丰富了老师和孩子之间的情感。而没给孩子解释的机会，自然就错过了这美丽的风景。犹如汽车在行驶中，沿途有着许许多多风景宜人的湖光山色，可你却只顾何时能到站，没有抬眼望望窗外，那又怎能欣赏到呢？因此，一旦出现“意外”，我们必须用自己的心灵去教育，应该以坦然的心态去对待，多给孩子一个解释的机会，多理解孩子，并积极思考对策，这样才能完美地解决问题。

2. 哪怕所有人都认为孩子错了，也要给孩子一个解释的机会。苏霍姆林斯基在《给教师的信三四》上写过："教育——这首先是关心备至地、深思熟虑地、小心翼翼地去触及年轻的心灵。……教育者还必须具备一种对美的精细的感觉。你必须热爱美、创造美和维护美（包括自然界的美和你的学生的内心美）。""多给孩子一个解释的机会"是生命的教育，是爱的教育，是充满人情味、富有生命力的教育。人性中最本质的需求就是渴望得到赏识、尊重、理解和爱，每个人、每个孩子都是为得到理解而来到人间的。"教师的理解和信任，是抹去孩子心理阴影的阳光。"有时我们只要多给孩子一个解释的机会，就能走进孩子的心灵，得到孩子在感情上的接纳，因此也能更好地教育孩子。著名教育家陶行知先生曾经说过："教育孩子的全部秘密在于相信孩子和解放孩子。"因此，请多给孩子一个解释的机会，哪怕所有人都认为他错了，我们都应该信任他，给他一个解释的机会，帮助他们充分树立起自信，保持良好的心态，让他们在人生的长河中自信自强，脚踏实地，一步步迈进成功的殿堂。

3. 事无巨细，只要是关于孩子的问题，就得给孩子一个解释的机会。"在受到认可、尊重后，孩子的能力才会得到充分发挥。"我们的教育不应只是传授知识，更应是人的教育，是人与人之间心灵与心灵的互动，心灵间的相互启迪。多给孩子一个解释的机会，是让孩子在"老师相信我"的心态中觉醒；而固执、片面地凭表象来判断孩子是否正确，则会使孩子自暴自弃，在"老师不信任我”的意念中沉沦。“多给孩子一个解释的机会”是一门学问、一种艺术、一项技巧。无论是孩子微小的情绪，点滴的委屈，还是明显的不满，强烈的抵触，都需要我们采取足够的注意和重视。给孩子一个解释的机会，用恰当的语言和方式表现对孩子的理解，是每一位好教师的必修课。这就要求我们，不但要有扎实的专业知识和教学能力，还得懂得一些教育心理学的知识。我们要多使用换位思考，多给孩子一个解释的机会，用理解的心来善待孩子的问题，这也是对人的价值和精神的真正关怀和尊重！

“多给孩子一个解释的机会”应该体现在我们教师的一言一行、一举一动中，更应该体现在教育孩子的每一个场景和细节中。多给孩子一个解释的机会的前提，首先应该是对孩子具有真诚和科学的爱。这种爱是包藏着热爱、理解、尊重、依赖、鼓励、期望等在内的复杂情绪体验。多给孩子一个解释的机会对于成长中的孩子来说至关重要，它可以帮助孩子扬长避短；可以帮助孩子建立信心；可以帮助孩子自立自强；可以帮助孩子重新振作……只有这样，班级活动才是活的，师生关系才是美的，教书育人才是有价值的！

如何对“好学生”进行心理健康教育

拿什么奉献给你，我可爱的学生。入职以来，我的脑中总是回荡着那一句“我们不是为了孩子的一下子，而是要对孩子的一辈子负责”。所以激发学生学习的兴趣，应该成为我工作中始终不变的原则。坚持初心，砥砺前行。

——谢宁宁

当前，如何开展中小学心理健康教育，是摆在教育工作者面前的新课题。然而，多数的教育工作者往往执着于对“差生”和“问题学生”的心理研究，而忽视了“好学生”的心理状况。其实，处于心理成长关键期的中小学生们，每一个人都可能因为种种原因而产生各不相同的心理健康问题：比如说自私、自负、经受不住挫折、紧张焦虑等。更有甚者，个别“好学生”也会出现偏差，形成极端性格。

来者何人

小陈是我校六年级一个学习优异的学生，各门功课的成绩都名列前茅，很有自己的一套学习模式，学习自觉认真。单就学习方面来看，小陈确实是一个讨人喜欢的好学生。但是，除了学习以外，他却有很多不良的行为习惯，也呈现出一些心理健康方面的问题。我仔细观察了小陈，原来这都是有原因的：

1. 个人因素

大多数的“好学生”，顾名思义，成绩都十分优异，往往都是被老师和家长“宠”在怀里，长期处于掌声和称颂中，习惯于听表扬的声音，经受不了任何的责骂和批评，形成自负，唯我独尊的霸道个性。

小陈，就是一个很心高气傲、不肯服输的孩子。四年级刚转学来到这个班级时，他对英语一无所知，就连基础的26个字母也没有掌握。但是，他很聪明，也很努力，只花了几个月的时间，就让自己的英语成绩从 0 分变成了满分，之后就一直名列前茅。对于这样的成绩，他是骄傲的，是自豪的。因此，只要稍微有点批评，他就无法接受，并且想尽方法为自己找理由推脱，绝不承认自己有错。

2. 家庭因素

多数学生的家长都忙于工作，对孩子关注更多的是成绩，觉得考得好就是好孩子，考得不好就是“差生”，对于自己孩子成绩之外的品行，则经常忽视。这也导致一些孩子认为学习好，就什么都好了，片面追求学业上的成功，而忽略了对自己品行的塑造，导致形成了极端个性。

3. 学校因素

学校的老师和同学常常由于思维定势，一味地认定成绩好的学生一定是个好孩子，包括他的品德和行为方面，因此就算他平日里偶尔有一些不当的行为，老师和同学也常常视而不见，“大功盖小过”，很少批评指正，导致其习惯成自然，自己也觉得没什么错了。

倏然见招

因此在这些因素的共同作用下，小陈身上也就出现了以下几种不好的表现：

1. 上课爱插嘴，喜欢炫耀和显摆自己的知识，经常在课堂上与老师争执，并且一定要赢。个性自负，抗挫能力较弱，看似一副信心满满的样子，经历挫折或被批评后，不会向别人诉说，从而导致心理失衡。

2. 自认为学习成绩已经很好，不听从老师的学习安排，经常不听写词语、迟交作业等，老师究问其因，答曰："反正我都会的。"但在考试时，显得特别焦虑，时常因为心理紧张而不能发挥出应有的水平。

3. 心胸不宽阔，"睚眦必报，锱铢必较"。以自我为中心，人际关系不佳。

4. 心高气傲，从来不接受任何人的批评，包括班主任及任课老师，并且总是为自己的错误找出原因，推卸责任。

21 世纪是知识经济时代，这个以知识为武器的竞争社会，呼唤着各种人才的出现。像小陈这样的"好学生"，带着如此多这样那样的心理问题，又该如何在这么激烈的社会竞争中脱颖而出，站稳脚跟呢？因此，对"好学生"的心理健康教育不容忽视。那么，要如何加强对"好学生"的心理健康教育呢？

下面，我从自己对小陈的教育经历出发来探讨一下对"好学生"进行心理健康教育的几点想法。

迎招而解

1. 走出"特殊"的怪圈

随着荣誉和掌声的增多，不少"好学生"心里会滋生一些"心灵毒瘤"，如骄傲自大、虚荣、自私、心胸狭隘等。像小陈这类的学生，往往会因为学习成绩好，而受到家长和老师过多的

"爱护"，使他们习惯于受别人的夸奖和照顾，一有过失就推卸责任，想方设法回避批评。他们犯了错，因为他们成绩好，老师不忍心太严厉地责备，顶多提醒几句，导致他们自觉和一般人不一样，长此以往，助长了其自负的个性。

因此，作为教师，应告诉他们，每个人都是平等的，要让他们承担起他们该负的责任，找到负责的方法，学会做一个负责任的人。

2. 走出"自负"的堡垒

有心理专家指出，小学生自认为自己了不起的心理其实是自我认知的一种缺陷。小陈由于经常受到老师和家长的表扬，其优越感会高于其他人，不能正确客观地评价自己的能力。久而久之，就认为自己不同于一般人，凡事特立独行，自以为自己完美无缺，不再接受任何人的批评，认为别人的批评都是不正确的，都是在针对他，都是不真实的。

因此，我们应该改变对孩子的评价方式，对于孩子们所出现的问题，要有适当的批评，既不能视而不见，也不能一杆子打翻。我们应该客观地指出孩子的不对之处，帮助孩子正确地评价自己。

3. 走出"唯我独尊"的误区

社会上，学校和家庭中，很多人以学习成绩论英雄，对"好孩子"的过度溺爱让他们产生了过多的优越感，使他们变得唯我独尊，不会考虑和顾及他人的感受，事事以自我为中心，很少真正地反省自己，导致其受挫折力差，变得敏感和脆弱，心理承受力差。

因此，教师在日常教育中，一定要偶尔让"好孩子"承受一点挫折，一点失败，淡化他们的优越感，让他们明白山外有山，人外有人，以一颗平常心投身到学习、工作中去，培养他们豁达、淡泊的心境，学会尊重他人、尊重自己。对于所取得的成功和荣誉，要学会坦然处之，保持一颗平常心。

4. 走进孩子的“心灵之门”

其实，相比于一般的学生，“好学生”的情绪更容易波动，更有压抑感。他们头上都顶着“优秀学生”的光环，在生活和学习中都比其他人承受更多的压力，急于诉说和宣泄。然而，现实中很多家长没有意识到这个问题，并抽出时间去和孩子沟通，久而久之，孩子的心理问题就出现了。因此教师要增加与学生之间的交流，以此开启学生的心灵之门。

我常常会在午休时段刻意找点时间和小陈聊聊天，和他像朋友一样地聊聊学习，聊聊同学。然后鼓励他说出自己的想法，在不当的地方给予适当的建议，使他自己领会到自己思想、观点上的错误，从而产生自觉改正的意识。

5. 走过“失败挫折之门”

长期处于成绩金字塔尖顶的“好学生”们，几乎很少会品尝到挫折的味道。，如果遇到一点“打击”，他们容易情绪崩溃，失去斗志。因此，训练和强化“好学生”的抗挫折能力，显得尤为重要。

在对待小陈时，我便采取了打压与鼓励并重政策。首先，对待小陈所犯的错误，进行严厉的批评，绝不包庇、迁就，该公布的就在全班面前张榜公布，不留情面，让他习惯于接受做错事受批评的后果，强化其抗挫折能力。另外，对他不断提出高要求，让他在一次次品尝失败的基础上，彻底明白和实践“失败乃成功之母”的人生真谛，享受失败后取得成功的喜悦。

6. 走向更美好的明天

对于那些已经稍有成绩的“好学生”，我们要告诉他们“不断进取，追求更好”，做到志存高远，向前看齐。要让他们明白“没有最好，只有更好”的道理，不断鞭策自己，不断地进步和超越。要让他们明白，满足于现状的人，是多么的不堪一击，只有尽心尽力，不断地追求更好，才能做到最好。只有这样，“好学生”们才会豁然开朗，明白眼前的得失是多么的微不足道，才会变得更有韧性，更有竞争力。

解招而归

经过和小陈近半年的沟通，他的改变真的很大，他开始懂得关心他人，也乐于帮助同学，共同进步。最让我感动的是一个关于香蕉的故事。

有一次，我因身体原因请了近一个星期的假，在返回学校的第一天，看到小陈神神秘秘地走进办公室，从身后掏出一根已经快焉掉的香蕉，说：“老师，这是学校上星期四发的香蕉，这一根是我特地留给您的。”然后傻笑了一下，“老师，您不在的时候，我都有辅导我们班级同学的语文哦，他们成绩都没有落下来。而且，我们现在关系都很好哦。”

总结下来，有 5 点心得：

1. 在辅导过程中，我们应遵循以人为本的理念，根据辅导对象的特点，采取多样化的辅导方式，而不是一味地让学生改正这个，改正那个。

2. 在辅导过程中，一定要家长和学校双方面的配合。只有得到学校和家长的全力配合，才能给辅导对象一个良好的成长和辅导环境。家校合力方能共同教育孩子健康成长。

3. 只有和辅导学生建立良好的师生关系，才能让他无心防地接纳你，愿意听从你的建议，愿意和你交谈，从而主动、自觉地改变自己的不良心理品质与行为。

4. 在辅导过程中，一定要有足够的耐心和信心，循序渐进，决不能急于求成，拔苗助长。

5. 在学生成长过程中，素质与学习成绩都很重要，前者甚至更为重要，学生只有德、智、体、美、劳全面发展，心理健康才算是一个真正优秀的学生。

我很高兴，我的孩子没有成为“高智商低素质”的学生。然而，这个世界，哪里又只有我这么一个班级呢？所以，我想呼吁一下所有的教师，请不要让我们的“好孩子”，最后成了别人眼中的“坏孩子”。

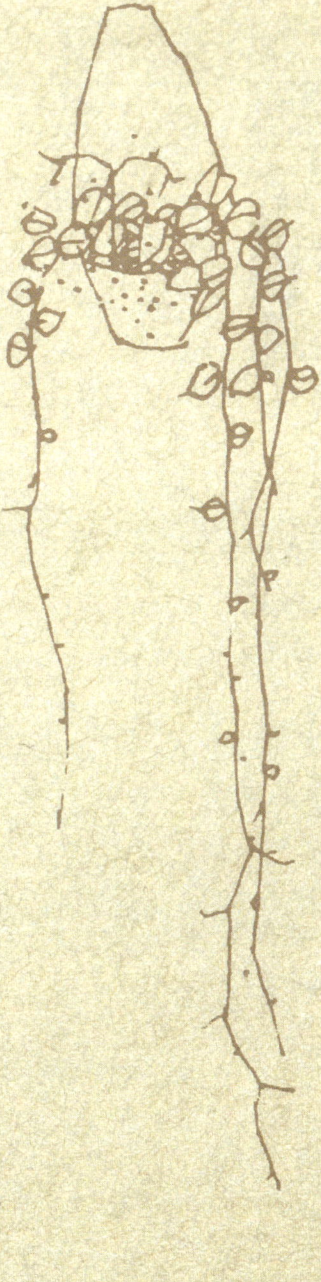

家校合作

携手同行护新苗

如何改变“甩手娃娃”

做一名平凡的教师，静心教书，潜心育人，默默耕耘，这样的生命是有价值的。

“随风潜入夜，润物细无声”，我愿自己的教育能如春雨，无声润物，点点入土，为世界滋养一片春色！

——王春余

斯霞老师说过：面对小学生的教育，有两件事特别重要。第一是培养良好的习惯；第二是培养正确的思维方法。做好这两件事，能让学生终生受益。

的确，培养好习惯非常重要，但是在教育实践中有不少困难。首先，好习惯涵盖的内容很多很广，教育者难免顾此失彼；第二，个体的好习惯养成情况千差万别，需要教师因“人”施教，有一定的难度；第三，好习惯培养需要家校合力，但事实上往往有教育者缺席甚至产生负干扰……上述种种原因，导致许多个体在好习惯培养方面存在缺陷。

贝贝就是一个在整理学习物品的习惯上存在严重不足的孩子。

来者何人

贝贝，女，小学三年级学生。她是独生子女，长得肉乎乎的，活泼可爱。其父母也都是独生子女，平时和爸爸妈妈、爷爷奶奶三代人居住在一起，外公外婆也住得不远。所以，贝贝是六个大人围着转的小宝贝，集万般宠爱于一身。贝贝的记忆力超好，一本《三字经》，别人背得千辛万苦，她没几日就滚瓜烂熟。因此，贝贝的学习得到了全家人的高度重视。为了让贝贝能够集中精力对付学习，家人几乎不让贝贝沾手除学习之外的事，像整理书包、准备学习用品，都是爷爷奶奶负责的。贝贝偶尔在家中要理下书包，洗个袜子，爷爷奶奶挥手就赶：“去去去，这些事都不用你管，管好你的学习就好了。”

贝贝就在这样的一个家庭里长大，善良单纯，又任性刁蛮，自尊心很强。因为动手整理物品的能力极差，是个“甩手娃娃”，在班集体生活中，她的问题就来了……

倏然见招

放学了，我把学生送出校门后，刚返回教室，值日生就拿着一张练习卷来告诉我：“老师，贝贝的回家作业卷。没有拿回去，而且她的抽屉里很脏很臭。”

我接过试卷一看，果真是下午发给学生带回家写的练习卷，皱巴巴的，上面有个脏脚印，外加一条划破的口子。

我又去检查她的抽屉。天哪，简直是个垃圾箱，书、作业本、餐巾纸、陶泥，还有一个空牛奶盒，大热天的，估计有两三天了，一股浓浓的臭味扑鼻而来……

可怜的贝贝，可怜的“甩手娃娃”！整理物品的好习惯缺失，这是一个不容小觑的问题。

首先，它造成了贝贝的个人卫生问题。没有整理物品的好习惯，用过的东西总是随手往抽屉一塞，不去整理，弄得抽屉里常常是满满当当的，又乱又脏，甚至发臭。其次，这已经影响到贝贝的学习。课间不整理，等到放学时，因为要急着排队，她匆匆忙忙在抽屉里翻搅，难免会丢三落四。瞧，连作业卷都没带回家，岂不影响学习？第三，上述问题自然会造成教师、同伴对孩子的负面评价，最终势必影响孩子的心理，使其产生消极情绪。第四，整理物品好习惯的缺失，对孩子将来的生活也会造成不良的影响。

那么，这个问题是怎样产生的呢？究其原因，首先是家庭教育。家长一手包办，让孩子当“甩手掌柜”，孩子缺少了必要的劳动练习，自然就不懂整理的方法、技巧。长年累月，贝贝习惯了甩手不干。第二，学校教育。好多次我都目睹过放学之后这样的情况：贝贝的爷爷在校门口接到孙女后，过了一会，又背着书包，带着贝贝回到了教室。来干什么？来拿落在教室里的东西，有时是学习用品，有时是饭包或水杯。贝贝呢，总是悠哉悠哉地在一旁玩耍，任由爷爷忙碌。长久以来，我忽视了这些情况，没有意识到这些现象背后的问题，更没有跟进有效的教育措施去帮助贝贝。家校教育双重缺失，才培养出了这样一个“甩手娃娃”。

迎招而解

看到贝贝的抽屉，我有点生气，马上拍下照片，打算第二天在全班同学面前晒一晒。有了这些照片，看她怎么狡辩！这样还可以杀鸡儆猴，给全班同学来个警示教育，引起重视，促使每个人养成整理物品的好习惯，改善班级卫生工作。

1. 碰壁

第二天的谈话课上，我对全班同学说：“昨天放学之后，值日生检查了大家的抽屉。大部分同学的抽屉很干净，但也有同学抽屉里有杂物，甚至很脏……”

刚讲到这里，一个孩子马上插嘴："贝贝。"说完，他还侧过身子，对着贝贝指指点点。

这下贝贝不干了，指着对她指指点点的孩子高声嚷起来："哼，你欺负我！"然后趴在了桌子上，嘀咕道："我叫爷爷来整理，爷爷来整理。"

我走到她身边，语重心长地说："你真是个典型的'独生子女'，自己不学会整理，以后要带着爷爷来上学吗？"

贝贝闻言号哭起来："反正我是最没用的。妈妈说我是垃圾桶捡来的。你们反正都讨厌……我奶奶也说我不让人省心……"她语无伦次地叫着，对于别人的劝说，显然是听不进去了。我意识到，面对这个任性、倔强的"甩手娃娃"，批评教育也许走不通。

怎么办？试试别的路径。

2. 破冰

几天后，抽屉事件慢慢平息了。贝贝也平静下来了，不过，整理物品的状况"涛声依旧"。我打算不再正面出击，而采用迂回战术。

有天语文课时，贝贝发言很积极。课后，我特地找到贝贝，很诚恳地对她说："贝贝，今天你的课堂表现真精彩，帮了老师很大的忙呢！不过，老师还有一点困难，很发愁，想请你帮个忙，可以吗？"

"什么事情啊？"贝贝一听很感兴趣。

"到老师办公室来，我和你说。"

我把贝贝请到办公室，为她拉张椅子让她坐下：“老师发现上课铃响后，有些同学没有马上静下来。我想请你担任‘课前领诵员’，铃声响就带大家背《三字经》。你的记忆力好，背得可溜了。这项工作交给你我最放心。”

“好的！”贝贝愉快地答应了。

“太好了！你帮了老师一个大忙，奖励你一包饼干！”我特地从抽屉里取出一包小点心，让她在办公室里美美地享用。

第二天，语文课铃声刚响过，我故意慢一小会进教室。贝贝已经站在讲台前大声地带领着大家背诵。

正式上课前，我表达了自己的感受：今天特别开心，因为贝贝帮了老师一个忙，带领大家背《三字经》，课前纪律特别棒！我十分感谢贝贝！

贝贝甜甜地笑了。我知道，此举看起来和培养整理物品好习惯无关，但是，孩子的心灵之门正因此向我悄然打开……

3. 布网

要想法子不着痕迹地引导贝贝培养整理物品的好习惯，还得从她身边的人做起。经过观察，我发现贝贝有一个最要好的朋友小宁。贝贝在周记、考试作文中多次写过这位好朋友。小宁是一个整理物品习惯优秀的孩子。于是，我特地拍下了小宁书包里物品的照片，里面一本本书按照大小放得整整齐齐。抽屉里面也很清爽，物品归置到位。谈话课上，我给大家看了这些照片，并说：“班级打算推出一名‘整理师傅’，职责是放学后整理教室。前面两天，老师会手把手教她怎么整理教室，怎么摆放物品，学会后工作两个星期，然后招收一名徒弟，教徒弟整理物品。”说完，我就征询小宁的意见：“老师觉得你完全有能力担任第一位‘整理师傅’，你愿意吗？”

还没等小宁表态，贝贝激动地喊起来了：“愿意，愿意！”小宁也笑着同意了。于是，接下来的两天我就细致地指导小宁整理教室，包括摆放讲台上的物品、理书架、扎窗帘等等。小宁学得很快，每天放学后，在十分钟内，就有序地将整理工作完成了。我拍下小宁整理后的教室整齐美观的照片，晒在QQ群里，并大加表扬。一下子，“整理师傅”小宁俨然成了班级明星。

一星期过去了，离小宁收徒弟的日子近了。有一天中午，贝贝突然跑来找我。她拉住我的手，开心地说：“老师，什么时候‘整理师傅’收徒弟啊？小宁说，她想收我为徒弟。”

“太好了，我尊重小宁的决定。但是，你要好好向师傅学习哦。”我心中暗喜：这条小鱼上钩了！

接着，我连忙做了两件事：

第一，悄悄找来小宁，了解要收贝贝为徒是否属实。确认后，我嘱咐小宁要向贝贝提出“拜师要求”：学会整理自己的书包和抽屉。下课时要小宁到贝贝的座位上去，手把手教贝贝将用过的物品分类整理，不用的物品及时放入书包。

第二，给贝贝的父母打电话，发喜讯——孩子想要“拜师”当“整理师傅”呢！请爷爷奶奶在家里教孩子整理书包，每天家庭作业后让贝贝有动手整理的机会，培养好习惯。我还建议他们召开一个家庭会议，在培养孩子整理物品好习惯上达成共识：整理习惯很重要，必须让孩子学会自己整理；孩子整理后要及时表扬，并拍下整理物品的照片，发给我，便于在班级中展示。

4. 拜师

终于到了拜师的日子。我请小宁上台，对她两个星期以来的工作给予了高度的赞扬，请她宣布自己想收谁为徒弟。

“贝贝！”小宁响亮地说。

贝贝乐滋滋地上台了，下面的同学都羡慕地看着贝贝。

我又请小宁来说说为什么要选贝贝。小宁说：“最近，贝贝在整理物品方面进步可大了，现在已经会整理物品了。我相信她能当好‘整理师傅’。”

这时，我通过大屏幕展示了贝贝最近在整理物品方面的一些照片，有在家中整理书包的，有整理教室抽屉的，我还特地和“抽屉事件”中的照片做了对比，进步不言而喻了。

接下来就是简单而隆重的“拜师仪式”：贝贝两手抱拳，向“师傅”小宁行作揖礼。当她恭敬地弯腰行礼时，教室里响起了一阵热烈的掌声。

第二天放学后，贝贝便开心地留了下来，跟在“师傅”小宁身边，小宁手把手地教她摆放讲台上的物品、铺桌布、扎窗帘……我又一次将她们整理教室的样子拍下来，在 QQ 群中展示、表扬……

解招而归

渐渐地，我们发现原来的“甩手娃娃”像变了个人似的。每次放学后，她都能将教室整理得清清爽爽：整齐的课桌椅，整齐的书架，铺着绿色台布的办公桌，上面摆放着一盆绢花，一切都是那么赏心悦目。两个星期后，贝贝完美通过考核，徒弟“出师”了，成了第二任“整理师傅”，也要招收“新徒弟”了！这时，你无论什么时候去检查她的抽屉，总是东西不多，整整齐齐的。每日接送贝贝的爷爷也欣喜地告诉我：“老师，还是你有办法，现在，我每天接到她以后，再也不用跑回学校来拿她落下的东西了，时间都省下很多……”

那个学期的休业式上，我们班举行了“十大班级骄傲”颁奖典礼，贝贝作为“整理师傅”代表上台发言，她激动地说：“一屋不扫，何以扫天下？我学会了将小小的教室整理干净整齐，将来我会整理更大的天下！”

师傅小宁则为她撰写了颁奖词——

306班有这么一位“整理师傅”：她细心周全，让教室的每一样物品归位；她十指灵巧，让讲台上的物品整齐列队……她爱班级，她爱劳动，她就是我们的劳动达人——“整理师傅”贝贝！因为有你，我们的306班更明亮、更整洁、更温馨！向你致敬，整理师傅！新学期，让我们一起撸起袖子加油干！

在欢快的音乐声中，特邀颁奖嘉宾——贝贝爷爷手捧礼物走上讲台，亲手将奖品送到贝贝手中。鲜花掩映中，贝贝的眼睛亮晶晶的……

从“甩手娃娃”到“整理师傅”，反思贝贝的成长转变历程，是许多力量共同着力，才有了这样显著的教育效果。这里的力量包括贝贝自身的努力、同伴教育的力量以及家校合作的力量。

1. 自我悦纳

每一个生命都是独一无二的个体，有自己的优点，也有自身的不足。自我悦纳是指个体能正确评价自己、接受自己，不仅接纳自己的优点，更能接受自己的缺点与不足，并在此基础上使自我得到良好的发展。

贝贝其实也知道自己的缺点，然而她没有勇气也不愿意去接纳自己的不足，所以她就以生气和语无伦次的号哭来应对，不愿听任何人的教导。当她无法接纳自我的时候，转变的大门也就合上了，这便是一开始我“碰壁”的原因。

美国教育学博士简·尼尔森在《正面管教》一书中写道：“我们究竟从哪里得到这么一个荒诞的观念，认定若想要让孩子做得更好，就得先要让他感觉更糟?”的确，“成功是成功之母”是有道理的，我们避开贝贝的弱点，发扬贝贝的长处，用请她来帮忙的方式，让她担任课前领诵员，在领诵的过程中发现了自己的长处，唤起了她的自尊。马斯洛的需要理论认为：人有自尊的需要，这是仅次于自我实现需要的第二高层次的需要。这时的贝贝开始悦纳自我，同时，改变和成长的力量也悄然滋长了。

2. 同伴教育

案例中，好朋友小宁的帮助至关重要，是典型的“同伴教育”。

同伴教育是指人们愿意听取年龄相仿、知识背景、兴趣爱好相近的同伴和朋友的意见和建议。在青少年中开展同伴教育，可以先对“同伴教育者”进行有目的的培训，使其掌握一定的知识和技巧，然后再由他们向周围的同伴传播知识和技能，甚至向更广泛的范围传播，以达到教育的目的。

案例中，小宁就是“同伴教育者”。在贝贝想要“拜师”时，老师对小宁进行了指导，通过她去帮助贝贝，提出“拜师要求”，提醒贝贝养成整理的习惯。这一切都进行得悄无声息，待到小宁正式收徒时，贝贝的改变和成长已经可喜地呈现在眼前了。当然，这里的“同伴教育者”也包括其他同学。面对贝贝被收为“整理徒弟”，面对贝贝的进步，同学们热情的鼓掌，也给贝贝一种改变和成长的动力。

3. 家校合力

习惯的养成是一项长时间的、复杂的工程，学生时代，大部分孩子都生活于家庭和学校这两个场所，这就需要家长和学校相互配合，对学生的要求一致、目标一致，这样才能有效帮助学生养成良好的习惯。

贝贝的家长一开始忽视了对贝贝的好习惯养成教育。老师选择贝贝想要当“整理师傅”的时机去给家长打电话、发喜讯，同时提出明确的要求，还有具体的策略，包括教孩子整理、开家庭会议、拍整理物品的照片发给老师等。在积极沟通中，家长不再是习惯培养的负干扰，而成了学校教育的同盟军，指导和督促孩子每天在家中整理物品，成了贝贝养成好习惯的保证。颁奖会上，贝贝爷爷作为颁奖嘉宾参加活动，进一步巩固了家校合作的“统一战线”。

如何指导家长培养孩子的行为习惯

教师只有充满对学生的爱，才会觉得学生的一切都是可爱的，哪怕是各方面很差的学生。只要你把学生当成自己的孩子一样呵护，便会出现思想与思想的碰撞，心灵与心灵的交流，教师与学生也会真正融为一体。

——陈丽颖

什么是教育？简单一句话，就是要养成良好的习惯。行为习惯不是天生就有的，而是后天形成的生活方式，并且可能给人带来积极或者消极两种截然相反的作用。好习惯终生受福，坏习惯终生受害，因此培养良好的行为习惯对儿童有着重要的意义。

来者何人

小吴的父母来自农村，前几年来杭州办服装厂，在四季青服装市场有店面，经过几年的打拼，家里经济条件很不错，孩子的早期教育做得很到位。四五岁的时候，小吴就能讲故事，加上他虎头虎脑，所以人见人夸。为此，爸爸妈妈都觉得这个孩子很有“出息”，家里的人都很宠着他，尤其爸爸，认为自己的教育方法很不错，觉得孩子应该在完全自由的环境中成长。于是，在家里他和儿子称兄道弟，在孩子面前讲话很随意，经常会在孩子面前评论学校或老师的优缺点，使老师在孩子心中的威信锐减。他有时甚至和孩子一起沉迷网络。儿子在家“无法无天”，他对儿子的教育更放松，自认为儿子是“天才”。

一、二年级时，老师针对小吴的情况，与他爸爸沟通过很多次，但他对老师的“告状”不以为然，他认定自己的教育方式没有问题，有时还护孩子的“短”，对孩子偷拿人家东西的事，轻描淡写批评几句就过去了。在他眼里孩子聪明就行。

小吴到三年级时成绩开始滑落，错别字多得一塌糊涂，成绩变成倒数，行为习惯更加“恶劣”了，撒谎越来越严重，行为也更加偏激了。这时，他的爸爸有些紧张了，赶忙请家教，对儿子的教育也严格了些，但效果不佳。

老师的批评、家长的教育就像刮了一阵风，在小吴的心灵深处惊不起任何涟漪。此时小吴的爸爸已经没有往日的“温柔”，与以前的他简直是判若两人，只要小吴犯错误就会用粗暴的方式来教育，结果事情越来越糟糕。到了三年级，老师、同学对小吴的“告状”声越来越多，在万般无奈的情况下，小吴爸爸终于改变了以往的态度，放下了他坚持的“真理”，来学校与老师商讨对策，我们想了很多的方法，但效果不是很明显。

倏然见招

小吴是个聪明的男生，长得虎头虎脑，语言表达能力很不错，还很擅长讲故事，上一年级时，在年级讲故事比赛中还获过一等奖。当时他的接受能力和学习能力特别强，学习成绩始终是在班里名列前茅。这么一个能说会道的孩子，应该是老师非常喜欢，同学也很愿意跟他做朋友的，但事实恰恰相反。

镜头一：

“老师，小吴桌子旁边都是纸，他还把纸团扔到别人桌子底下！他还背后说你坏话。”学生甲急匆匆地跑进办公室来报告。

“老师，小吴无缘无故打我一下，还和我说他经常上黄色网站！”学生乙又来我这里告状。

“老师，小吴骂我，还讲很不文明的话，他还拿我的双面胶卖给别人！”学生丙哭丧着脸来控诉。

“老师，小吴……”

每天都有许多孩子来诉说小吴的不是，唉，真头疼！

镜头二：

“小吴，上课时双手不要在抽屉里做小动作！”语文老师批评道。

“小吴，这道题我刚刚讲过，你怎么又错了？”数学老师问道。

“小吴，你很聪明，但老师上课你得听呀……”科学老师无奈地摇摇头。

“小吴，作业要及时完成，不能一拖再拖了！”英语老师怒喝道。

……

就这样，任课老师见他直摇头，同学见到他就立马躲得远远的，就像老鼠见到猫似的。

在这个案例中，孩子的表现的确让我们很担忧，这么小的孩子行为已经如此，等他长大了，会成为一个怎样的人？后果简直不堪设想。那么，到底是哪儿出了问题，让孩子变成了这样呢？

迎招而解

最后，在我们的共同努力下，终于找到了小吴行为如此怪异的原因了：主要是家庭的影响。在班主任的建议下，小吴爸爸主动与小吴签订了协议书。

协议书

为了让儿子的行为越来越棒，爸爸与儿子之间有如下协议：

甲方：（爸爸）××

乙方：（儿子）××

孩子要做到的几点：

1. 早晨六点半起床，晚上 9 点之前睡觉；注意个人卫生，帮父母做力所能及的家务，如果一星期做到，得 5 元钱，做不到则罚擦地板一星期。

2. 有事与父母商量，诚实不说谎；认真学习，按时完成作业；字迹端正，听写错别字（每课）不能超过 3 个。一星期没有违规，奖吃肯德基，并让班主任在班级大力表扬。如违规则罚跑操场 10 圈。

3. 对父母有礼貌，在校听老师的话，不顶嘴，上课不做小动作，一星期做到，奖玩喜欢的电脑游戏一小时。如违规则一星期不能玩电脑。

4. 不拿别人的东西，不欺负同学。一星期做到，奖一样自己喜欢玩的东西。如违规则取消一次喜欢的活动。

爸爸要做的：

1. 孩子犯错不责骂、体罚孩子。如有违规则一星期不能上网。

2. 爸爸多抽出时间与孩子在一起，多听听孩子的意见；看电视或娱乐不能影响孩子的学习和休息，特别是上网的时间要节制。如违规则一次罚跑操场 10 圈。

3. 爸爸平时较邋遢，以后要注意卫生习惯，如违规一次罚擦地板一星期。

此协议在班主任陈老师的监督下，签名生效。

仔细分析案例可以发现，孩子出现这样的问题，多半与家庭教育有关。当发现孩子的行为习惯不良时，起初家长溺爱孩子，一味地去护短，致使后来孩子行为更加“恶劣”了。之后，孩子犯错，家长不去了解孩子的个性，寻找孩子出现问题的缘由，而是用将孩子痛打一顿的办法解决问题，这样的办法并不奏效。以暴力解决问题，孩子对父亲的教育没有“心服口服”，如果不能及时正确地疏导，还会造成孩子心灵扭曲，出现过激行为。另外，在家里父母的言行是儿童模仿的主要对象，父母有坏的习惯，孩子也会表现出这样的行为特点。希望孩子好，家长必须时刻注意自己的言行。

所以，当孩子表现出错误倾向时，家长要根据孩子的个性倾向，走进孩子的心里，去寻找问题产生的根源，从源头上给予“疏导”和正确的引导，使孩子心悦诚服地接受指导，改正自己的错误。

教育孩子的方法五花八门，有些家长自认为很了解孩子，没有根据自己孩子的个性，生搬硬套书中的一些教育方法，结果事与愿违。要想教育好孩子：

（一）家长要依据孩子的个性倾向，因材施教

同一个孩子，对不同的教育方法会有不同的敏感性；反过来，不同的孩子，对同一种方法的反应也不相同。因此，家长要根据孩子的个性特点进行教育。比如：胆汁质的孩子一般热情积极，易于感动，但也易自负和傲慢。对这种气质的孩子，家长不要轻易激怒他，而是要锻炼孩子的自制力，让他能沉着冷静地处理事情。小吴就是这一类型的孩子。孩子的气质类型不同，家长的教育方法也应有所不同。别人的“尚方宝剑”“教子秘诀”对自己的孩子或许并不适用，家长要注意活学活用。

（二）家长要了解孩子的品德素质，严爱结合

老话说，“知女莫如母，知子莫如父”，家长都自认为了解自己的孩子，其实未必，有的孩子在父母面前是一个模样，而在外人面前是另一个模样。孩子很小就已经能够撒谎、假装和表里不一了。做父母的如果不细心观察，不听取多方意见，眼里只有自己的孩子，往往会被蒙在鼓里。小吴就是其中的一个，他在学校说一套，回家又是“一曲”，弄得老师、家长误会。

家长只有准确把握孩子的道德品质，才能教育好孩子。同时，教育孩子应严格要求，切忌对孩子娇纵、放任、护短、偏爱。溺爱会使孩子形成不良的行为习惯，扭曲孩子的个性。家长对孩子的严格不是简单地去限制与命令。严格中包含着说理、引导和启发，严格要求应与关心、关爱孩子相结合，做到严中有爱，爱中有严，严爱结合。另外，家长向孩子提出要求时，不能只要求孩子，自己可例外，否则不仅不能取得好的教育效果，反而会使家长在孩子心目中失去应有的威信。

（三）家长要与孩子平等相处，要蹲下来与孩子对话

父母蹲下来，与孩子目光平视，能生动地表明对孩子的平等态度；孩子不需要抬头去看父母，会感受到父母对自己的尊重，因此对父母的教育会乐于接受，减少与父母对立的行为。父母与孩子平等交流，并不代表其失去了父母的身份；父母高高在上地对孩子发号施令，并不一定能在孩子心中树立威信。当然这里所说的平等，并不是小吴爸爸当初认为的“没大没小”，放任自流，而是一定要把握好“度”。

与孩子平等相处，会使父母收获很多。最重要的是，这样能赢得孩子的信赖。孩子是一个独立的个体，有自己的思想、爱好、志向等。因此，父母都要去掉居高临下的心理，以平等的心态对待孩子，有事情与孩子多商量，悉心听取孩子的意见，聆听孩子的心声，尊重孩子的选择，做个朋友式的引导者。父母这样做了，会赢得孩子的由衷信赖。小吴与爸爸签订了平等的父子“协议”后，他觉得自己的行动得到了别人肯定，因此这份特殊的协议起到了良好的作用。

（四）家长要加强修养，以身作则

家长是子女最直接、最经常、影响最大的榜样。家长的人格与品行是极为重要的教育因素，是一种潜在的教育力量。由于亲子间的特殊关系，家长的言行举止都会很自然地在孩子心灵上留下极为深刻的烙印，而子女又总是以父母的要求作为自己生活的准则，以家长对事物的评价标准作为自己评判是非的依据。因此家长必须自觉提高修养，严于律己，以身作则，时时处处通过自己的模范言行，给孩子以良好的影响。只有这样，才能使孩子养成良好的品德。如果父母忽视教育，品德修养差，言行不当，就会给孩子以不良的影响，造成孩子品德形成发展上的缺陷。所以家长希望孩子具有什么品质、修养，自身首先应该具备这些品质、修养。从这个意义上说，“父母是孩子的一面镜子，孩子是父母的影子”，因此家长只有加强自身修养，以身作则，率先垂范，家庭德育工作才能收到良好的效果。

解招而归

几分耕耘，几分收获，家庭教育需要父母去耕耘才能有收获。小吴这样的性格不是一两天养成的，让他在短期内完全改变，那是不可能的。小吴爸爸与儿子的协议，从一星期的期限到一个月、二个月……经过一年的努力和坚持，小吴有了很大的进步，他不再欺负同学，不再上色情网站，不再说谎，学习成绩有了很大的提高。虽然他的劳动意识、个人卫生情况还不尽如人意，但相对以前来说也是进步不小。孩子的笑容也渐渐地增多了，和一部分同学的关系也融洽了，我想，这是学校家庭合力的结果，相信再坚持下去，他的进步会更加明显！

家庭教育要持之以恒。培养孩子不是一朝一夕的事情，父母应该拥有教育孩子的恒心和毅力，孩子的每个优点和长处是一点一滴培养出来的，不能急于求成。要抱着“只问耕耘，不问收获”精神，有一天，你会发现枝头已经硕果累累。

现实生活中有很多父母知道家庭教育的重要性，在孩子的教育问题上，有一些重要的手段，但我个人认为最重要的是与孩子建立融洽的关系。父母在教育孩子的时候，要因材施教，要与孩子进行平等的交流。只要用心对孩子保持关注，就会多一分理解与沟通，孩子就会健康成长；只要对孩子因材施教，孩子就会充满自信，成为祖国的栋梁。

如何在小学中高段接班时有效开展家校合作

心中有爱，才能用心传递爱。生活在这个有温度的时代，把每个学生当成自己的孩子一样来真心爱，把每位家长当成自己的朋友一样来真心待。以爱的名义，和孩子们一起成为这个时代有温度的人。

——秦 斐

现代社会，竞争日益激烈。家长对于孩子的期望值越来越高，因此对教师的要求也越来越高。小学阶段，家长对于班主任是非常在意的。特别是进入中高段以后，家长们开始更多地考虑孩子小升初的问题，因此碰到中途换班主任的情况会比较敏感。但是出于各种原因，学校经常会在中高段换班主任。基于这种现实，接班的班主任也会倍感压力。因此做好接班工作，实现家校合作的良性发展非常重要。

来者何人

在送走毕业班后，学校安排我去五年级接班。这个班前期因为各种原因多次更换班主任老师，对此家长的心情是比较复杂的，可谓担忧、好奇、顾虑等情绪互相交织，一言难尽。这个班级学生的凝聚力不强，参与活动的积极性普遍不高，班干部工作能力也相对较弱。部分家长对学校经常更换班主任有不满的情绪，不是很愿意配合老师开展工作。如何取得家长信任、打通家校合作的通道，是接班工作的重中之重。

倏然见招

在刚接到去五年级接班的任务不久，我加入了班级的 QQ 群，向家长们做了简单的自我介绍，并公布了自己的手机号码。很快，就有家长来加我的微信，并留言："老师，我们没想到又换班主任了，心里实在不安。孩子已经上五年级了，很快将面临小升初，老师对孩子的了解、孩子对于老师的适应，都不是短时间的事情。恳请您平时多关注我的孩子，感谢！”另外一个家长直接在班级群里罗列了几任班主任做得好以及不足的地方，希望我借鉴。还有个别家长通过各种渠道去打听我的情况。在和学生聊天的过程中，一个孩子就问我：“爸爸妈妈说也不知道这个班主任能不能把班级带好，别到了六年级又要换老师了。您会教到我们毕业吗？”各种迹象都表明，家长和孩子都对更换班主任十分敏感，担忧和质疑的情绪明显，更无从谈及对老师的信任。有序做好接班工作，将对后续的教育教学起到非常重要的影响。

迎招而解

接班时，面对家长的担忧、质疑，可以通过重视交接、调查需求、稳中求新、抓兴奋点四个策略，巧妙消除家长因换班主任而产生的种种顾虑，并将顾虑转化为对新任班主任的理解和支持，从而实现家校合作的良性发展。

策略一：做好心理准备，重视交接工作

在确定要接班以后，班主任首先要调节好自已的心态，不抵触、不抱怨，以乐观的态度迎接新的班级。这种新人新事新发展的积极态度是会在工作中感染学生和家长的。

在保持乐观的同时，老师也要对新接班可能产生的困难有充分的估计，做好充足的心理准备。这就要求新接班的老师能够主动和前任班主任做好班级事务的交接工作，认真聆听前任班主任对班级情况的介绍。交接内容主要包括：

1. 了解学生基本情况

可用简单的词语或者语句对每个学生的个性、能力、特长进行记录，重点关注班级里有特殊情况的孩子。

2. 了解班级发展情况

如：上学期班干部设置情况、班级之前在各类活动中的表现、假日小队活动开展情况、班级存在的不足等。

3. 了解家长情况

如：班级家委会配置、家长参与学校活动的情况、班级 QQ 群和微信群的加入情况、以往家长提出的建议和意见等。

4. 接收班级所有文字资料和照片资料，并且妥善保存

除了与前任班主任进行沟通以外，接班的老师还可以和班级的任课教师进行交流，了解学生在各科学习上的表现以及任课教师对班级的评价。充分重视班级交接工作，就能对班级现状有较为清晰的了解，便于老师找到开展班级工作的方向和突破口，缓解接班带来的心理压力，同时也为后续工作打好基础。

策略二：调查家长需求，拉近心理距离

一旦确定接班，班主任就可以积极开展工作，通过短信等方式主动向家长介绍自己，并留下联系方式。除了与前任班主任和任课教师进行充分的沟通以外，我们更要重视掌握家长的需求。

1. 通过学生基本情况调查表，了解家长的需求

在新生入学时，学校曾经对每位学生做过基本信息采集。但是几年过去了，很多信息发生了变化。因此在开学前或者开学

初，班主任可以再次使用调查表。这次的调查表除了有学生基本信息之外，可以增加三栏，包括以下内容：孩子在班级里担任工作岗位的情况、家长对孩子的个性介绍和希望老师关注的方面。这样，老师既可以完成对学生信息的更新，更能让家长感受到新班主任对孩子的重视。其实，调换班主任带给家长的除了顾虑以外，更多的是新的期望。家长普遍希望新班主任能尽快了解自己的孩子，所以往往会对调查表最后一栏的填写非常用心。

（学生基本情况调查表见附表）

2. 积极开展家访，保证沟通通畅

仅仅靠调查表了解孩子是不够的，新接班的班主任最好能对班级学生进行家访，在较为轻松的环境下，与家长面对面交流。通过家访，了解孩子的生活环境、家庭教育观念、家庭氛围、教育需求等。接班后的首次家访建议教师以倾听为主，不对孩子之前的表现进行主观评价。要对孩子予以积极的鼓励，重视家长和孩子提出的建议，对他们担忧的心情予以安抚，并表达希望与家长积极进行家校合作的愿望。

调查表和家访能帮助班主任尽快地掌握家长的需求。这些源自家长的第一手信息不仅能够使接班后的工作有的放矢，少走弯路，更能带给家长良好的第一印象，有效拉近家长和班主任之间的心理距离，为开创家校合作的良好局面打开窗口。

策略三：平稳中见新意，沟通中获认同

每个班主任的带班风格和班级建设思路都是不一样的。不少接班的班主任很想让学生和家长马上认同自己的带班风格，所以一接班就急于推行各种新的班规和活动设想。但是，如果马上重组班级新的秩序，会让不少学生和家长无所适从，从而出现很多问题。所以班主任在接班后，要保证班级的平稳过渡，在平稳中见新意，通过沟通获得认同，才能有效开展家校合作。

以我的这次接班为例，在前期调查的基础上，我决定开学第一周沿用班级原有制度，可以利用这一周对班级各方面的情况进行细致观察，找出存在的问题。以解决问题为工作导向，调整工作思路，能收到比较令人满意的效果。通过一周的观察，我发现班干部虽然工作非常认真而且很有工作热情，但是因为对自己的工作职责不明晰，所以工作效率并不高，班级日常秩序也相对比较混乱。还有很多同学有为班级服务的心愿，却苦于一直得不到机会。于是，我提出了建立班级分级管理制度的新举措，并在班队课、期初家长会上，把新制度的相关事宜向全体学生和家长进行了详尽的介绍。我通过班队会、班级空间、班级 QQ 群，向全体班级成员公布本学期班级设立的工作岗位，以及工作职责和要求，工作岗位按照班级人数设定。根据“责任心第一、能力第二、成绩第三”的原则，让所有同学和家长商量后，慎重思考，并根据自身的实际情况，以自荐和推荐两种形式参选。班级管理制度主要为：

一级管理：八名班委（班长、副班长、学习委员、卫生委员、生活委员、宣传委员、体育委员、文艺委员），负责全班各大项工作的监督总结。

二级管理：八个小组的小组长，分管各组的学习和卫生，协调假日小队活动的开展，负责牵头完成假日小队活动手册。

三级管理：课代表，负责各学科的学习情况，辅助任课教师的工作。

四级管理：职责长，负责班内各项小范围工作，如“灯长”“盒长”“桌长”“门长”“窗长”等。

为了增强团队合作意识，我会以一级管理的班干部为核心组建若干工作小团队，在合作的同时开展竞争，比的是谁的工作更主动，谁更有责任心、更有工作毅力、更有工作方法。有竞争就有危机感，有危机感就会产生动力。分级管理制度把班内大小、琐碎的工作分配到个人，使每个人都成为班级小主人，调动了所有人的积极性，收到了很好的成效。在日常工作中，我会及时把孩子们的工作情况拍照或者拍小视频上传在班级群，让家长们也直观感受到孩子在集体中的成长。在工作中发现了孩子的问题，我也不回避，积极与家长沟通，提出合理的建议。因为人人都参与了班级管理，家长的积极性也被调动起来，不再会觉得孩子是游离在集体之外的，也会更关注班级活动和班级建设，有意识地培养孩子的责任感和受挫能力。在孩子情绪、状态出现波动的时候，家长们愿意积极主动地与我进行交流。

因为班级每一项工作都有专人负责，学生、家长、老师都是朝着同一个目标努力，班级凝聚力能很快得到增强，无形中还能有效缩短接班后的磨合期。

策略四：抓家长兴奋点，以活动促了解

调整过班主任以后，家长最关注的莫过于在新班主任的带领下，孩子们会有怎样的变化。看到孩子快乐地成长着、进步着，家长的积极情绪就会得到点燃。因此抓住家长兴奋点，通过活动展示孩子的发展，也通过活动促进家长和老师、家长和家长、家长和孩子之间的了解，能有效消除陌生感和隔阂感。

1. 借助照片、视频，让家长了解孩子日常学习活动情况

班主任可以做个有心人，在接班以后，不时把孩子在校的情况拍摄下来，用照片和视频的形式对家长进行反馈。无论是上课的举手发言表现，还是课间的积极锻炼，孩子们开心的笑容、专注的的身影永远是吸引家长视线的焦点。照片和视频是最为直观的，远比言语沟通和文字评价更有说服力，也为家校合作提供了无缝对接的机会。在表扬鼓励的基础上，班主任也应该把接班后发现的问题如实告知家长，以争取家长的配合，家长的家庭教育与班主任的工作保持同步。

2. 发挥家委会力量，让家长成为班级活动的主力军

家委会成员是由全体家长民主选举的，他们代表家长的意愿，也是家校合作的重要桥梁。新接班以后，班主任要和家委会保持充分的沟通，有家委会的支持，班级工作开展起来会事半功倍。

接班后不久，学校就开展了美丽家庭的评选。当时，很多家长的参与热情并不高。我与家委会就这次活动进行了认真的讨论，由家委会最后确定了班内推选流程。借助班队课，我向学生介绍了活动内容，调动学生参与的热情。借助家长会、班级群，家委会成员向全体家长详细介绍了评比要求，并抛砖引玉，带头报名。这样一

来，学生和家长的积极性都被调动了起来，活动报名、材料准备、评比推荐有条不紊地开展，整个过程公开公平公正。家委会还把征集到的参评家庭视频介绍上传到班级群共享，让全体家长观摩，促进家庭与家庭之间的了解。很多家长在活动结束后，纷纷感叹：原来自己也是班级活动中如此重要的一部分。评比结果并不重要，但是过程却是一次美丽的回忆。活动增进了家长之间的了解，即使假日小队人员有变化，家长们也都能通力合作，精心策划活动。只要家长们充分信任家委会，和家委会保持良好的沟通，家委会就能积极发挥作用，做好解释、协调工作，打消家长顾虑，协助班主任尽快赢得家长的理解和支持，为实现家校的优质合作迈出坚实的脚步。

解招而归

经过上述四种策略的实施，班级面貌在一个月后有了显著的变化。我调整好心态，在接班前，对班级情况有比较详细的了解，从而能够从容面对家长和孩子。知道家长的需求，与家长沟通就能有的放矢。家长从老师这里了解到了孩子的情况，在心理上感受到孩子是受到老师关注和重视的，这能很好地安抚他们焦虑、担忧的情绪。班级管理上，新的机制让每个孩子都动起来，树立他们的班级主人翁意识，能有效地增强班级凝聚力。看到孩子被集体需要，家长是高兴的，也更愿意支持孩子的发展。平时，抓住家长的兴奋点，让家委会发挥正向引导作用，带动全体家长参与集体活动，无形中还促进了亲子关系的发展。这就形成了一种良性循环。孩子越努力，家长越高兴，家长越高兴，对班级工作就越支持。有了家长的支持，家校合作就能畅通无阻，班级就能持续健康发展。

在接班的过程中，班主任也要注意以下几点事项：

1. 不盲目突出自己，不在学生和家长面前评论前任班主任和任课老师，同时要教育学生对所有帮助自己的师长怀有感恩之心。

2. 能以平常心看待家长对老师的比较和评价。调整班主任后，家长有所比较是很正常的现象，在接班初期遇到个别家长对班级工作的不理解也是普遍现象。

班主任应该保持平常心，尽可能从家长的角度考虑，耐心做好解释工作。同时应加强对孩子的关注，虚心接受家长提出的合理建议，用自己的实际行动和工作实效赢得家长的信任。当班级平稳过渡，家校合作的良好局面打开后，家长也会自然而然淡化比较。

3. 接班后，班主任要保持愉悦的心情，不能让自身的焦虑或者暂时的困难影响工作。只有看准方向、理清思路，才能有条不紊地开展班级工作。

班主任工作是学校管理工作中的重要组成部分，对学生的思想修养、学习生活和身心成长起着重要的作用。在小学中高段接班，对于班主任来说充满了压力和挑战。不过，只要保持积极乐观的态度，在充分了解的基础上，有的放矢地开展工作，就能消除家长的顾虑，有效缩短接班后的磨合期，赢得家长的支持和信任，让家校合作进入良性发展。

学生信息调查表：

<table>
<tr><td colspan="2">姓　名</td><td></td><td>性　　别</td><td></td><td colspan="2">学生身份证号码</td></tr>
<tr><td colspan="2">学　号</td><td></td><td>出生
年月日</td><td></td><td colspan="2"></td></tr>
<tr><td colspan="2">民　族</td><td></td><td>入学时间</td><td></td><td></td><td></td></tr>
<tr><td colspan="2">户口所在地派出所</td><td></td><td>是否城镇户口</td><td></td><td>是否独生子女</td><td></td></tr>
<tr><td colspan="2">家庭地址</td><td colspan="5"></td></tr>
<tr><td>家长情况</td><td>姓名</td><td colspan="3">工作单位</td><td>手机号码</td><td>文化程度</td></tr>
<tr><td>父亲</td><td></td><td colspan="3"></td><td></td><td></td></tr>
<tr><td>母亲</td><td></td><td colspan="3"></td><td></td><td></td></tr>
<tr><td colspan="2">孩子曾经担任过什么班干部或者负责过班级何项工作</td><td colspan="5"></td></tr>
<tr><td colspan="2">请简要介绍孩子的情况以及希望老师予以关注的地方</td><td colspan="5"></td></tr>
</table>

如何融化单亲家庭孩子内心的坚冰

泰戈尔说："不是锤的敲打，而是水的载歌载舞，使鹅卵石日臻完美。"每个孩子都是独一无二的存在，每颗心灵都需要如沐春风般的抚慰。我们的工作，是去理解他，帮助他，点亮他。这个过程或许漫长，但当孩子的眼神从混沌变得清澈，一切都是值得的。

——许佩红

单亲家庭中，尤以离异单亲家庭给子女造成的危害最大。儿童的心理承受能力是有限的，失去父亲或母亲疼爱的孩子，其受到的心理打击是巨大的。有研究表明，许多人在家庭变故几年之后，其心理创伤仍很难愈合。

来者何人

很多单亲家庭的孩子有以下心理特征：1. 情绪低落。孩子由于失去父亲或母亲一方的疼爱，内心失落，郁郁寡欢。或是由于一方监护人的不负责任，导致孩子心灵受到极大伤害。他们容易悲伤，不易被快乐情绪感染，甚至会回避同学在父母面前亲昵的场景。2. 萌发憎恨。他们憎恨父母离异的行为，或站在父母中的一方，憎恨另一方。这种心态久而久之，会扩展到对学校和社会的冷漠、不满，甚至敌对。对集体的事情缺乏热情，故意破坏课堂秩序。3. 易暴躁易怒。单亲家庭的孩子，由于长期积压的郁闷心情无处宣泄，遇事易暴躁、易怒，语言和行为都具有攻击性。他们会挑衅制度和纪律、挑战老师权威，甚至对此满不在乎、不计后果。

本文所提到的孩子小 W，就具有以上三个特点。

小 W 有一个帅气的老爸，一个知性的妈妈。但是爸爸妈妈在他上小学前就分开了，孩子跟妈妈一起生活。或许耳濡目染了爸爸妈妈吵架时摔摔打打的情景，从一年级开始，他就是一个性格与众不同的孩子。他的行为举止总有一些粗鲁、令人不快的成分。他不明白，相亲相爱的人为什么会至疏至远，最亲近的人为什么会彼此伤害，大人为什么不好好相处，他最依赖的人为什么会分成两半，其中一人最终从家庭出局。他始终不明白，毕竟他只是个孩子。

童年家庭的变故，使小 W 如一只林中爱闯祸的小豹子。他精力旺盛，哪里扎堆哪里就有他，哪里有他哪里就有纷扰。他常常将玩笑变成争吵，把普通的对话引向恶俗的泥潭，将快乐的游戏演变成打架，他的心里始终有一股怨气，谁接近他谁就会引火烧身。说不清有多少次，他将同伴摔倒在地，弄得他们鼻青脸肿、磕破缝针的，五年下来，足够写一本“伤情回忆录”了。最让老师头疼的，是他犯错之后从不低头，喉咙比谁都响，总是一副“我就这样你奈我何”的样子。

倏然见招

最近一段时间，老师们反映上课很难顺畅进行，因为小 W 时不时在教室后排制造点“插曲”。缺少家庭温暖的他，需要寻找安慰。他喜欢找人说话，无时无刻、随时随地讲话。老师开讲的时刻，就是他找小伙伴聊天的时刻，两个声音几乎同时响起。他的眼睛很大，目光里有超越同龄孩童的冷峻。老师停下来制止他讲话，他就立即装无辜——天真地一笑，眼睛闪烁出一丝狡黠，用夸张的语气大声申辩：“没有啊，我没有讲话，我真的没有讲话。”还潇洒地侧身而坐，弓着背晃着脑袋，一副“我就这样你能咋样”的架势。

为了安抚他那颗躁动的心，老师们一致同意把他的座位调到第二排，与文静的学习委员坐在一起，希望优秀的同伴能够给他良好的影响，也便于老师随时关注他。

语文课上，我在讲《晏子使楚》，小W转身跟后座讲话，乐不可支，哈哈大笑。

“小W，你又在讲话了！”

“没有啊，我没有讲啊！”

数学课上，老师在讲应用题。后座故意表演咬手指给他看，他发出夸张的声音，惊叹地嘻笑：“啊，干什么，自残啊？”还模仿着做起来。

“小W，转过来，不要跟后面同学讲话！”

“没有啊，我真的没有讲啊！”

科学课上，老师在讲物体的质量。小W自在地转身，大模大样地把手臂整个搁在后座的桌上，似乎在向对方索要什么东西，脸上却若无其事地笑嘻嘻地看着老师。

“小W，把手收回来，你这是干什么？”

“没干什么啊。”

“没干什么为什么把手放人家桌上？”

“我就喜欢这样放啦！”

考试快要结束，老师提醒大家做最后的检查，小W早就坐不住了。他悄悄举起卷子，想给后面的同伴看一下某道题，手指清晰地点住了那道题目。老师敏锐的目光发现了这个细节。

“小 W，你在干什么？”

“我没干什么啊！”

“你在给他看答案。”

“我没有，我冤枉啊，我真没给他看答案。”

小 W 经常在同学面前近似胡搅蛮缠地表演，这令我感到不安。

善意的提醒，无数次的谈话，对小 W 而言，似乎只是浮云掠过，没什么效果。

迎招而解

作为教师，再怎么努力也无法干涉一对父母对待婚姻的态度。我们能做的，是尽可能地安抚孩子受伤的内心，鼓励孩子振作精神，感受集体生活的温暖，创造合理的机会，从学习中获得成就感，最大程度地抵消那些消极的情绪和负面的影响。除了日常的提醒和谈话外，我特别想在班级活动中让他“扬长避短，找到存在感”。

策略一：个别谈话，攻心为上

周末，小 W 母亲打电话向我哭诉孩子在家如何不听话，处处顶撞她，母子关系日益恶化。

周一，数学老师气呼呼地结束了一节新课，告诉我小 W 在课上的种种闹心表现。我觉得必须再找他谈话。

“小 W，你知道什么人最可怕？”教室里只剩我们俩时，我心平气和地问他。

“不知道。”他不知我葫芦里卖的什么药，这时没人看他表演，他轻声回答着，表情一如既往地淡定。

“再想想。”

“真的不知道。”

“无所畏惧的人最可怕，”我一字一句地说，“一个什么都不怕的人什么都敢做，你说他可不可怕？”我眼睛直直地盯着他。

小W的脸色有些变了，他开始感觉到我话中有话。

“一个对家长无所畏惧的人，就会在家顶撞家长，破坏和睦的家庭氛围。一个对学校规矩无所畏惧的人，就会顶撞老师，破坏纪律，影响班级和谐。这样的人长大后，就会对国家法律无所畏惧，什么事都敢干，那他就可能会去触犯法律。”我连珠炮似的发话，没有给他停顿喘息的时间。

小W终于严肃了，不再嘻嘻哈哈，他的头低下了。

“你敢说，你刚才上数学课没有讲话？”

“讲了。”

“讲了什么？”

他哼哼唧唧含含糊糊地吐出后面一位女生的名字。原来，他开始关注后面的女生了。的确，他已经变声了，开始进入青春期了。有时他会故意把某个男孩子推到女孩子身上。

“不要以为你敢顶撞老师你就是个勇敢的人，其实那叫无知无礼。相反，那些做事情有所顾忌、能考虑后果的人，才是真正会思考、懂规矩的人。”他一怔，似乎没料到我会得出这样的结论。我加快了语速：“不要再做那些自以为是的事了！什么时候你懂得害怕、不敢触犯纪律了，你才会真正成为一个引人注目的好孩子。”我试图让他明白，他的那些表演并不能让大家喜欢，超越纪律的另类表现只会让人心生反感。

“家里的不痛快不要带到学校里来。长大，意味着克制。”我意味深长地看着他。

小 W 沉默，终于不再装作满不在乎的样子。

“希望你不要成为那种无所畏惧的可怕的人，上课要克制自己内心的冲动，否则你会失去很多朋友的。”我拍拍他的肩膀，让他去上体育课。

点到为止。从他不再嚣张的表情，我看到了一点希望。

策略二：扬长避短，找回自我

其实，抛开顽皮的特点，小 W 身上有许多闪光点：个子高力气大，爱劳动；写得一手好字，文笔不赖；偏爱科学，课堂反应极快；体育出众，会打篮球。

老师要尊重儿童，不要急于对他做出或好或坏的评价。把对的人安排在对的位置上，才能最大程度地扬长避短，让他成为最好的自己。

1. 担任桌椅管理员

学校车库的隔壁是仓库。那里堆满了废弃的桌椅，偶尔有几张是可以再利用的。小 W 常被我派去那儿干活——更换桌椅。他人高马大，手长脚长，搬桌子这样的事情，对他来说是小菜一碟。所以每当班里出现“残疾桌椅”时，我首先招呼的就是他：“小 W，去换一张！”他是那么高兴，一改慵懒的样子，立刻从座位上弹起来，二话不说就下去搬桌子去了。当同学向他表示感谢时，他的语气罕见地温和了，嘿嘿笑着："小事一桩，不客气。"

2. 任命科学课代表

每次科学考试成绩出色的他被老师冠以"科学天才"的美称。为了让他在课堂上安静听课不捣乱，科学老师"大胆"地任命他为科学课代表。课前，他先行一步去科学教室帮老师准备实验器材、分发作业本。上课，他频频发言，享受着同学们艳羡的目光。考完试，他会追着老师讨论某道题目，非把老师扣掉的分数要回来不可。

科学课上的成就感，使得他在其他课上的行为也有所收敛。学习之火开始在他内心蓬勃燃烧。

3. 担当篮球队首发队员

一年一度的校篮球比赛开始了，各班选出精英人马备战。在众多候选人中，身手敏捷的小 W 被大家选入首发阵容。担负着"为班级荣誉而战"的重任，一向嬉皮笑脸的他变得郑重而严肃。他耐心地向"不懂"篮球的班主任解释，应该如何配备人员，谁传球最稳健，谁球风最凶猛适合拦截对方重点队员，谁投篮命中率高。我顺水推舟，让他既当队员，又当"教练"，和队友一起打好比赛。

一路过关斩将，我们班最后获得了亚军。他一脸遗憾地对我说："只差一个球，老师，我们离冠军只一步之遥！"我在班里大大地表扬了他有勇有谋，为班级荣誉尽心尽力，并把奖状交给他保管留作纪念。自信、荣耀、满足写满了他的脸，他是那么高兴，荣誉感让他觉得自己该收敛一些。

从那以后，他下课不再找人摔摔打打，而是津津乐道地与要好的同伴讨论篮球、足球等。班级风波少了很多。

在孩子的成长过程中，没有比让他自信更重要的事了。

策略三：父爱回归，填补空缺

小 W 的父亲已经另组家庭，与他的接触越来越少。而处于叛逆期的小 W 与母亲的相处到了一言不合就摔门的程度，亲子关系降到了冰点。只要一与母亲吵架，第二天孩子的情绪就异常低落，学习状态极差。

解铃还须系铃人。一天晚上，我跟小 W 的父亲通了电话，聊了很久，希望他多跟青春期的儿子共处一些时光。离婚并不意味着不用管孩子，把孩子的教育推给母亲一个人是不恰当的。即使不讲大道理也没关系，和儿子一起打打球、跑跑步、聊聊天，他的心情就会平和一些。小 W 的父亲接受了我的建议。

之后的时光，小 W 的父亲开始放学来接儿子，和他一起运动、过周末。果然，小 W 的情绪缓和了许多，脸上的表情变得柔和了，他和同学之间的矛盾也越来越少。我知道，他内心的某个角落正在慢慢地被填满，那坚实的冰块正在慢慢融化。

解招而归

老师的关注，同学的包容，家长的回归，使小 W 发生了很大的变化。他不再出口伤人，上课能尽量遵守纪律不捣乱，与人发生矛盾时能努力克制自己，打架骂人事件越来越少，他的人际关系得到很大改善。期末时，大家一致推选他为“阳光少年”。

儿童的行为出于天性，也因环境而改变。单亲家庭的孩子因家庭的动荡而缺乏安全感，极度敏感，消极情绪容易占上风。家长和老师要随时关注孩子的情绪变化，适时地引导孩子形成积极向上的心态。积极的心态能激发潜能，让孩子的性格变得不再脆弱，形成健康的心理机制。良好的个性胜于卓越的才智。

概括地说，调适单亲家庭孩子的心理，需要做到以下几方面：引导孩子理智看待家庭变故；鼓励孩子积极参加班级活动；及时表扬孩子微小的进步；用亲情抚慰、温暖孩子内心。

教育的过程是辛苦的，但教育的果实是甜的。儿童期的发展关系到一个人的一生。单亲家庭的孩子更需要我们勤观察、多思考、想办法，让他们成长的环境更温暖、获得的营养更丰润。

如何教育“懒惰”的孩子

我很喜欢这样一段话：“我愿意等上一辈子的时间，让他从从容容地把这个蝴蝶结扎好，用他五岁的手指。孩子，你慢慢来，慢慢来。”作为老师，我们应该给予孩子更多母亲般的爱心和耐心。因为教育好他们并不是一蹴而就的，更不会一帆风顺。孩子，你慢慢来，路虽艰难，我们却一定会越走越坚定。

——沈　艳

在班主任工作中，我们总会遇到这样的一些孩子，他们对自己的要求比较低，对什么都提不起兴趣，让人觉得很懒惰，一点儿也不求上进。我们班里就有这样一个小男孩儿，不管是学习，还是生活方面，感觉他对什么都懒洋洋的，什么事都不上心。

来者何人

通过家访的形式，我了解到，由于爸爸妈妈工作比较繁忙，这个小男孩从小就是由爷爷奶奶带大的。爷爷奶奶对孙子比较宠爱，一直为他包办很多事情，也不教他多运动，因此在上小学前，孩子几乎没有任何的生活自理能力，运动能力也非常弱，不要说跳绳，连走台阶都有一定的问题，自然也就变得越来越懒惰了。当他开始上小学时，他的妈妈生了一对双胞胎妹妹，家里一下子更忙了，对他的关注也相对少了，所以他就形成了对任何事情都懒洋洋、不求上进的态度。

倏然见招

小男孩“懒”到什么程度呢？

现象一：早上，他拖着步子走进教室，到座位之后，他一屁股坐下，左手一松，把拎着的饭包扔到了地上，双肩一耸，把书包卸下来以后，顺手扔到了另一边的地上，然后就瘫坐在椅子上发呆，让人瞠目结舌。

现象二：他站起来，总会将身体靠在某个物体上，当你告诉他男孩子应该站有站相的时候，他能好一点，但坚持不到一分钟。当所有小朋友做眼保健操、广播操时，他通常也不愿意做，哪怕不断提醒他，他也就是把手懒洋洋地举起来，角度也不会很高，最多也就坚持做几十秒钟，然后又停下来发呆了。

现象三：学习上，他同样是这样的。上课时，他会趴在桌子上，慢慢就走神了。书写也是这样，他握笔从不用力，字软绵绵的，字迹淡淡的。

迎招而解

1. 换种方式，给孩子善意的提醒

通过观察，我发现这个孩子并不是特别有个性，他是一个比较乖巧、听话的孩子。尤其是他对学习成绩、奖励卡片还是比较在意的。他也并非是真的不愿意上进，相反，他很想得到好成绩，得到肯定，只是长久以来的生活习惯让他一时改变不了。对于这样的孩子，如果我一味地去批评他，他的自尊心、自信心会受到打击，可能会觉得：我就是这样，改不了了。而且别的孩子听多了我的批评，也会觉得他不是一个好孩子，觉得我不喜欢他，这样可不好。于是，我换了种方式对他进行提醒："×××，今天眼睛闭上做眼操了啊，真棒，坚持到最后，老师给你奖励卡！""你这题的字写得很认真整齐，把后面的字也改一改，老师一定给你优！""今天你在队伍里站得不错，做操的时候把手举高，更有精神哦！"对于这样的提醒，效果好了很多，大多数

时间他都乐于接受。

2. 肢体接触，打开孩子信任的大门

善意的肢体接触，会让孩子觉得我就像妈妈一样关怀着他，对老师自然就多了一份亲近感，更愿意接受老师的意见。面对这个懒洋洋的孩子，我就是这么做的：到三、四年级时他还不太会系红领巾，经常拿着打结的红领巾让我帮忙，我就帮他把结打开，帮他系好，把领子也翻翻好，一边系一边不厌其烦地给他讲系红领巾的步骤；孩子的自理能力弱，有时上完厕所裤子系得乱七八糟，衣服一半塞进去一半露在外面，每次看到了，我也都帮他把衣服整理一下；他表现好，我就抱抱他，摸摸他的头表扬他，表现不够好，需要提醒他时，我也常常把他搂在身边悄悄说……我用实际行动来告诉他和全班的孩子，老师并不讨厌他，相反是很喜欢他的。取得了他的信任，他才能更喜欢我，从而接受我的意见。

3. 手把手教，让孩子从能力上得到提高

孩子的懒散，很大程度上是因为他不会，能力上有缺失。如果他知道了做一件事的方法，自然也会学着自己动手去做一做。所以，在学校里，当我发现他有懒散行为的时候，除了提醒、督促，我也会手把手地去教他如何做。比如早晨到教室后，我教他饭包怎么放，书包怎么放，拿出哪些学习用品放到抽屉里和桌面上；红领巾散了，我一遍遍教他怎么系，鞋带松了，我演示给他看，教他怎么打蝴蝶结；上厕所回来，我告诉他怎么把裤子穿整齐；写字时，我握着他的手，教他一笔一画写……孩子的学习能力是很强的，只要他掌握了方法，那么，他就会一点一滴去改变。

4. 同伴互助，给孩子上一个“紧箍咒”

由于长期的生活习惯，短时间内让这个孩子完全改变，一点儿也不懒惰了，这基本是不可能的。而作为班主任，在其他老师上课时，在课余闲暇时间里，我不可能每时每刻都在他身边，提醒他改正。这时同伴的互帮互助作用就非常大了。在自理、自觉方面，小学低中段女孩子明显优于男孩子，所以，我找到了两三个自理能力强、自觉性高的女孩子，与他组成了一个同伴互助团体。其中有一个女孩子是他的同桌，在不影响自己学习的前提下，上课、做作业时看到同桌懒惰的行为，女孩就会进行提醒。其他成员也会在排队、走路、做操、吃饭等时间，看到他懒洋洋的情况就督促。这样，加上我在他身边时的不断提醒督促，等于这个小男孩周围有了一圈“唐僧”，给他上了“紧箍咒”，不停地“碎碎念”，让他改正自己的行为习惯。

5. 家校合作，让孩子从“学做”到“会做”

当然，仅仅靠在学校里的纠正、提醒，回家还是“老方一贴”，孩子是无法从根本上得到改变、进步的。这个孩子的根源问题还是来自家里的“包办”，使得他在思想上懒洋洋，能力上非常弱。因此，我通过家访、电话等方式，与他的家长保持密切的联系。我把孩子在学校的问题呈现给家长，通过沟通，家长也意识到了孩子存在的问题，知道了家庭环境对孩子的影响。他的父母也很配合，与祖父母做好沟通，让孩子在家中做到“自己的事情自己做”，家长还陪着孩子运动，比如跑步、跳绳等需要多方面协调的活动，培养孩子的能力。生活能力得到了提高，孩子“会做”了，他才会更愿意“去做”。当孩子在学校中取得进步时，我也充分利用家校联系本、短信、电话等沟通工具，及时地给家长“报喜”。家长觉得学校教育取得了成效，自然愿意继续坚持，和老师一起合力，教育的效果自然就事半功倍了。

解招而归

在这样的帮助下，孩子到了中高年级，相对于刚入学那段时间，行为习惯方面的改变已经非常明显了。虽然还不可能一下子变得非常勤奋、勤劳，但是他和别的孩子的差距已经越来越小了，生活自理能力得到了提高，最明显的是学习习惯好了很多，成绩有了显著的进步。

带着这份小小的成功的喜悦，我开始了自己的反思：现在的孩子大多数有极强的个性。面对这些“懒惰”的孩子时，首先我们在督促时要讲究方式方法，少一点批评，多一些提醒，行为上也可以和孩子多一些互动和身体接触，比如摸摸头，抱一抱。这样，孩子既容易接受又能对老师产生好感，而且双方都不失自尊。多些耐心，不把自己推到孩子的对立面上，孩子在心理上对你的依赖和喜爱会越来越多，也就更容易听老师的话。同时，我们也要找准孩子懒惰行为的成因，找到适合的方法来纠正。孩子“懒惰”的原因，大多数来自家庭教育中的包办行为，因此，我们一定要多进行家校联系和沟通，形成合力。只有这样，孩子才能逐渐进步，改正自己不良的行为习惯。此外，我们要多多借助同伴的力量，让孩子教育孩子，有时比我们亲自出马更有效。孩子喜欢的、甚至是崇拜的小伙伴的一句“我不和你好了”“我不喜欢你这样”“你要怎么怎么做”，有时可能比老师的长篇大论更能解决问题。总之，我们要抓住“懒惰”的孩子的关键问题所在，对症下药，才能使他的行为习惯和学习习惯获得改进。

作为老师，我们应该给予这些“懒惰”的孩子更多母亲般的爱心和耐心。教育好他们并不是一蹴而就的，更不会一帆风顺。要有一颗充满爱的心，相信他们，让他们慢慢来。路虽艰难，我们却一定会越走越坚定。

如何培养学生的责任意识

当有情怀的教师，做有温度的教育，我们把阳光洒进孩子心里。

成才之路有如花儿绽放，需要一个过程，一段时间。只要我们用热爱、汗水，与智慧，用心浇灌，他们一定可以开出独特、芬芳的花朵。花开须有时，唯有静待之——教育就是一场期待花开的旅行。

——张　烨

学习的第一责任人是谁？华东师范大学教师教育学院院长周彬教授曾经说过："很多时候，我们都喜欢把学习的责任强加到老师身上。大家说老师是太阳底下最光辉的职业，我相信老师肯定是一个职业，但这个职业的光辉，是不是可以照耀到学生的学习，并取代学生的学习责任？我是不大相信的！我不是在替老师解脱，而是希望让学生能够真正地与学习相随。"

那要让一个孩子从内心与学习相随，喜欢上学习，究竟需要什么？我认为首先是要培养学生的责任意识。

来者何人

俞同学是我班上的一个学生，活泼开朗，但在学习上总是拖拖拉拉，没有责任感。经过多天的观察和家访，我摸清了滋生这种情况的土壤。

（一）"民主"与"溺爱"并存

我走入了俞同学的家庭，想要寻找最佳解决方案。我看到了让我不可思议的一幕。我到俞同学家里后，坐下与其母亲交谈。俞同学在我坐的沙发上乱蹦乱跳，家长在一边却没有立即制止和提醒孩子的行为。当俞同学说要喝饮料时，家里的老人迫不及待把饮料罐打开，送到孩子嘴中。从种种行为中，我看到了他家里对他的溺爱。

（二）“活泼”与“多动”并存

在下课时，你可以看到一个超级开朗活泼的小男孩，走廊上奔跑嬉戏，教室里结伴打闹，很少会看到一个端坐在座位上休息的俞同学。上课时的表现更是让我揪心，坐着听课，两手两眼从不上心，老师在讲课，他在玩橡皮，就连细小的橡皮屑都可以成为他一节课的玩伴。做作业时，更是拖拉，别人可以在课间完成的作业，他却总要拖到放学后。

（三）“渴望”与“无奈”并存

每天放学后，都可以在学校门卫室看到俞同学的身影。因为他的父母没有时间来接孩子，两个人都在上班。父母偶尔请了假早点来接他，却常常因为他做作业拖拉未能及时出校门而耽误了工作，因此只能让他等到母亲下班了来接他。这一个多小时的时间俞同学就坐在门卫室等待。打电话与家长沟通，家长表示也想早点接他回家做作业，但实际情况却很无奈。

倏然见招

（一）一次家庭作业——不是我的错

每周一早上，对于孩子们来说，交作业会是一件麻烦事，因为各科老师的双休日作业都要收齐。记得有个周一，我检查孩子们的预习情况，当我检查到俞同学的时候，发现他的语文书上一字未动，根本没有预习的痕迹。于是下课后，我找到他询问原因，他弱弱地告诉我：“张老师，我妈没时间跟我一起做预习作业。”回想以前，他总是将错误推卸给自己的父母，这一次也是一样。

我再问："预习是你的事，还是父母的事？"孩子斩钉截铁地告诉我："我都不会的，一定要妈妈帮忙的，她没时间帮我，我当然做不了了。"从他的话中就可以看出，在他心中，学习责任在于父母，而不在于自己，这种想法已根深蒂固。如果要让他彻底醒悟，必须使他明白：学习是要靠自己的，而不是他人，更不是别人要我做，我才做，而是任何事情我自己想做，这样才可以做好。

（二）一次辩论会——我很可怜

为了让孩子们清楚意识到学习责任人到底应该是谁，我在班级里开展了一场激烈的辩论赛。正方为"学习应该是我们自己的事情，要我们自己负责到底"。反方则是"学习不好是父母的责任，父母督促我们学习，帮助我们学习，是必须做的事"。学生通过自我选择，决定自己是正方还是反方。在辩论过程中，各个选手纷纷举例证明观点。俞同学被反方代表推举为"证人"。我还特意将俞同学的发言视频拍录了下来。当时他说："在我五六岁的时候，我有次在写作业，爸爸将电视机声音开得很大，我就说了句'爸爸你把电视调小声点，我在写作业'。爸爸不管三七二十一，就训斥了我，我反驳了一句，他还狠狠地揍了我。从此以后，我也不敢跟爸爸提什么建议了。在家里我做作业时，他们总是只顾自己，偶尔会来关注一下我的学习，因此我觉得我现在学习这样，父母是有很大责任的。"俞同学边说边哭，让我心中也起了满满的酸楚感。

（三）一个电话——我已尽责

辩论会之后，我觉得我需要跟俞同学的父母交谈一番，跟他们道一道孩子的心里话。于是，我拨通了他妈妈的电话，告诉了他俞同学的学习情况，并告诉她，只有家里与学校保持一致，相互配合才能教导俞同学成为一个负责任的人，他的学习也才能跟得上节奏。可是他妈妈的一番话却让我傻眼了，她说：“我对儿子已经尽心尽责了，我天天陪伴，陪伴了他十年，他还是读成这样，我有什么办法？他自己不想读书，我再怎么折腾都没有用。”

为何妈妈如此尽心尽责，孩子连最基本的学习习惯都没有养成？为何妈妈如此尽心尽责，孩子连家庭作业都会一字未做？为何妈妈如此尽心尽责，孩子的责任心还是丝毫没有？

作为他的班主任，看到他对自己学习的不负责任，又看到他父母对孩子的教育状态，我焦虑万分，我必须要让双方都意识到自己的问题，找到最佳的教育方案，让双方都能重新燃起学习和教育的信心。

迎招而解

发现孩子的问题，并且与家长联系后，我也深刻意识到了家长的教育问题。

于是，我采取了一系列措施：

（一）利用家长会，促家长反思

面对俞同学妈妈那番尽职尽责的说辞，我进行了深刻反思。其实，俞同学妈妈所谓的陪伴并不是真正的陪伴，真正的陪伴是要用心的，是要放下自己的事情一心一意地陪着孩子一起做事。尤其是像俞同学这样学习习惯较差的，更需要家长的用心陪伴。而俞同学妈妈对孩子几乎不作要求，放任他成长。这样的家庭教育肯定存在很多问题，我希望她能意识到自己的问题所在。但一想到俞同学妈妈对我说话时的态度，我心中不免有了一丝退缩，因为要改变学生容易，改变家长真的难。我该如何才能让俞同学妈妈深刻意识到自己的问题所在，让她感受到我的用心良苦呢？

深思熟虑了好几个晚上，我决定利用家长会，扭转家长的教育意识。首先，我让家长们欣赏了本学期孩子的学习成长照片，让每一个家长知道，孩子一点一滴的成长不仅让他们感到高兴，也让我感到欣慰与满足。所以我也是特别期待看到每一个孩子成长的人。其次，我告诉家长，家庭教育在孩子的成长历程中是十分重要的，从孩子的表现中可以透射出家庭教育的影子。在家庭教育中最重要的是有效陪伴。那怎么样的陪伴才是有效的？那就需要真诚的倾听和有效的沟通。陪伴还是一种关注，一种善解人意的行为，高品质关系的建立，需要父母每天专注地陪伴孩子至少 15 分钟。讲完这番话后，我让家长自我对照，反思自己的教育行为是否正确，是否需要改进。最后，我还发自肺腑地告诉每一位家长："即使你的孩子在你看来似乎存在很多不足，在你看来你用心付出了还是没有任何效果，但我不会放弃任何一个孩子，因为我们班每一个孩子都是最闪耀的星星。"

记得当日开完家长会后，晚上八点钟我就收到了俞同学妈妈的信息，她说开完家长会她进行了深刻反思，认识到了自己的问题，也感受到了老师对孩子的用心，接下来她一定会配合学校和老师做好各项工作，她也恳请老师帮助解决孩子的问题。

（二）开展小队学习，促学生成长

看到俞同学妈妈的反省，我甚是欣慰，但我也要积极思考对策，提高孩子的学习积极性以及学习能力，让他妈妈找到家庭教育的成功感。于是，我想到了“小队学习”。什么是小队学习？就是同学之间结成学习伙伴。在挑选俞同学的学习伙伴时，我认真琢磨，精挑细选，将班级中表现最优秀、领导能力最佳的纪律委员宓同学，做事仔细、语文学习成绩突出的课代表董同学，善于交流、热情大方的洪同学组合成了学习小队，由最能干的宓同学为小队队长。

1. 小队学习，发挥榜样示范作用

在学习过程中，榜样的力量是无限的。我将俞同学与三位比较优秀的同学分成一组，让其观察并效仿他们的学习方式。比如在下课期间，小队中的其他三位成员都会先整理学习用品，再上厕所，喝水，最后回到教室看课外书。俞同学看到队员们都能做到合理安排下课时间，于是也时不时地走到队员边上一起看书；比如在家中完成家庭作业时，看到队长与队员们都已将作业上传到微信群里，俞同学也开始主动完成家庭作业，并拍照上传。这就是榜样的力量。

2. 小队学习，寻找同伴价值感

“同伴价值感”，指的是渴望得到同伴的认可，十分看重自己在同伴心中的位置。对于中段学生而言，很多时候家长、老师的“唠叨”还不如同伴的一句话，因为学生成长的动能之一就是要获得同伴价值感。因此，我积极利用小队学习，找寻同伴价值感，激发学习积极性，提升学习能力。俞同学由于学习成绩相对落后，一直存在自卑心理，因此他也十分看重在小队队员心中的位置。当俞同学有了一丝进步，我就会在“小队星”中奖励一只小波力兔，并且郑重其事地告诉队员，你们获得的小波力兔是俞同学获得的，小队队员便会去表扬以及感谢俞同学，就这样，慢慢地，俞同学找到了学习的自信。

3. 小队学习，挖掘主观能动性

自从有了小队学习，家长们纷纷表示孩子们的学习更加主动了。每一项学习任务，孩子们都会积极有效地去完成。这不仅是因为小队队长会在群里督促以及提醒，更是因为队员们有了齐头并进的上进心，以及“我好，大家才能好”的集体荣辱感。比如俞同学，以前做作业总是拖拉，妈妈不提醒很少会主动完成，而如今，大部分作业他都可以自觉完成。俞妈妈看到俞同学的改变，对小队学习形式赞不绝口。

4. 小队学习，寻找最佳帮助者

小队学习还有个最突出的优点便是可以让孩子们随时随地找到最佳帮助者。因为每队的队长都是学习的佼佼者，对于组里同学在学习上碰到的难点可以帮忙解决。因此，队员只要在学习上遇到困难，就可以在小队学习微信群中留言，队长会及时回复。小队学习还方便队员交流学习问题，充分培养学生自主、合作、探究的学习品质。俞同学在家庭作业上遇到不会做的题目，只需将题目上传到群里，队长宓同学以及语文课代表董同学就会及时给予讲解帮助，让他可以每天消化各门学科的学习内容，使学习变得更加有效。

（三）联合家委会，促家校共和

在处理家校各项事务中，家委会是家校关系的桥梁，家委会成员是班主任开展工作的得力助手。我在与俞同学妈妈的接触中，发现她其实是一个有些自卑的人，这是由于个人原因以及孩子原因造成的，但这样的心态并不利于孩子的成长。所以我想帮她，让她感受到班级大家庭对她和孩子的爱。于是，我联系了家委会家长商讨方法，最后决定找一个双休日约上俞同学和他妈妈，沟通交流一下。那个双休日，四户家委会成员约上俞同学和他妈妈，在市民中心度过了一个难忘的周末。俞同学妈妈表示："我们的家委会真温暖。有了如此用心的家委会，才有如此和谐的家校关系。"

解招而归

（一）教育成效

1. 俞同学学习主动了

据小队队员们汇报，俞同学在期末考试复习阶段，争分夺秒地完成作业。在下课期间，其他学习小队队员来找他玩耍时，他也不去，而是准备后面的学习，虽然在做题时经常会遇到困难，导致完成速度偏慢，但他会向队员们主动询问解决问题的方法，并且在放学之前将各项作业按时完成。

据俞同学妈妈汇报，俞同学回家第一件事便是做作业，虽然在做作业时偶尔还是会出现做小动作的现象，但整体而言，已经有了明显的进步。

2. 家长配合积极了

俞同学的改变，最大的功臣就是他妈妈。上次家长会之后，他妈妈重新燃起了教育儿子的信心；小队学习开展后，她也有了让儿子赶上其他队员的决心；当儿子一天比一天有进步时，她有了满满的成就感……因此，学校布置的各项任务，俞同学再也不拖后腿了，每项任务上也会有他的签名。

3. 任课老师更喜欢他了

因为孩子在进步，家长在改变，老师自然就更喜欢孩子了。比如俞同学的数学老师看到在期末阶段，俞同学每天都能按时完成作业，有时还能提前完成作业，感到十分欣慰，所以老师经常会奖励小礼物给俞同学，俞同学的数学成绩也在日益进步。

（二）教育反思

任何好习惯坚持很难，教育也是如此，当自己的孩子在学习上自觉，并且有进步时，家长的教育积极性就会提高；但如果孩子的学习不佳，家长慢慢会产生放弃心理。家长如此，孩子也不例外。因此作为班主任，应考虑如何才能持续激发他们的积极性。

1. 经常沟通，搭建信任桥梁

当俞同学在学校表现有进步时，老师应及时向家长通报，赞扬他的表现，并且积极肯定这是在家长的教育下取得的成绩。当俞同学在学习中又出现问题时，老师要及时告知家长，寻求家长的支持，查清问题的原因所在。老师要经常鼓励家长，让他们坚信只要老师和他们一起想办法，一切都不是问题。

2. 经常鼓励，激发学习积极性

平时要努力发现俞同学身上的闪光点。不仅是学习方面，还有平常的为人处事、思想品德等，都会成为我关注的焦点。因此，平常我会更加细致地去观察和了解他，还会加大表扬力度，让他相信自己是可以做好的。

3. 轮流提醒，发挥小队作用

在小队学习中，宓同学也会时常跟我反映情况，他发现俞同学在坚持过程中会有所懈怠，作为小队长，他有时也是束手无策。针对这样的情况，我告诉队长："你可以和队员进行分工，轮流提醒俞同学，并且在提醒中要讲究方式方法。"

总之，不管用什么方法，最终的目的就是让俞同学爱上学习，拥有责任心，让他成为学习的小主人。

如何让学习困难学生重塑信心

信任可以激发学生更多的潜能，可以给学生更多克服困难的信心和动力，而我也收获了他们对我的信任。在彼此尊重的环境中教与学是一件轻松而愉悦的事，我愿意和每个独特的学生共同享受我们共同成长的过程。

——单炜玮

每个孩子都有自己的强项和短板，我们肯定遇到过机智聪慧，记忆超常的孩子，肯定也会遇到总是记不住、总是听不懂的“蜗牛孩子”。而在蜗牛孩子中，有的孩子即使每每落后，也能一直坚持，相信自己能完成目标，但也有孩子在屡屡受挫后，自暴自弃，或者一片迷茫。我今天要说的这个孩子就遇到了难以逾越的学习障碍，以至于做出了极端的事——离家出走。

来者何人

小雷，在大家看来应该是个开朗机灵的小男孩。其父母从外地来杭创业，虽文化程度都较低，但通过努力，在杭城繁华的路段开了一家生意不错的服装店。小雷出入最多的地方就是父母开的服装店，由于父母一心在生意上，小雷被训练得非常独立。自己解决三餐，自己回家洗漱睡觉。一家三口外出游玩对他们来说是一种奢侈，小雷的周末大多是在到处找邻居玩中度过的。对于小雷的教育，他们既重视，也不重视。说重视，是因为他们舍得花大把的钱买学区房，只为他能上个优质小学。说不重视，也是显而易见的：小雷的小学读了一半了，几乎所有回家作业都是第二天被老师抽时间在校内辅导后补上的。老师的电话、家访并没有唤起家长对小雷更多的关心，却换来小雷脸上、手上一道道隐约的伤痕。

在学校，小雷尊敬师长，友爱同学，热爱劳动，关心集体，可唯独听课时，面无表情，很少参与。一节课下来，几乎每次测验他都是错误率最高的那个。老师给他补好课，他回头就忘光了。因此小雷的成绩被远远地抛在同学们身后。

四年级时，老师们把小雷当宝贝一样地抢来抢去，想帮他尽量补上一些落下的课程。但小雷做作业的速度慢得惊人。如果老师坐在他身边督促着他写作业，那么别人通常 10 分钟就能完成的作业他至少要 1 小时。如果让他独立完成，那么一节自修课过去，他也写不到 7 个字。小雷与同学们的差距越来越大，作业、测试中“不合格”的次数越来越多。

开朗活泼的小雷开始变得孤僻少语。

倏然见招

（一）出走案例

在 2008 年 11 月的一天，小雷怀揣着期中自测卷回了家。就是那个深秋的夜晚，我接到小雷妈妈焦急的电话——小雷离家出走了！

离家出走，一个 10 岁的孩子，会在怎样的情况下选择这样极端的方式？

我给全班同学群发了消息，有任何蛛丝马迹都赶快告诉老师，可毫无线索。

除了等待，我们什么也做不了。

半夜 2 点，刺耳的手机铃声把我惊醒：“小雷找到了！”我心里那块悬着的石头终于落了地。把小雷送回家的是杭州东站附近巡逻的民警。民警发现小雷时，他一个人在河边游荡。

第二天一早，小雷出现在教室时，同学们都关切地询问他，他不知该怎么回答，只是茫然地看着大家。我发现，小雷手背上、额头上又有好几片乌青，已经猜出个大概了。

是的，小雷又挨打了。他是接受了爸爸狠狠的“教育”之后，悄悄一个人溜出家的。而更让我吃惊的是，这已经是近半年时间里他第三次出走了，也是警察第二次把他送回家了。

小雷虽然回来了，但他的心却越走越远。我再次邀约小雷父母严肃地恳谈了一次，希望他们配合，实实在在地查找小雷落后的原因，帮助小雷克服学习上的困难。

（二）成因分析

1. 外因

孩子的早期教育是非常重要的，良好的生活习惯是良好学习习惯的基础，良好的生活学习环境对孩子的成长至关重要。家喻户晓的“孟母三迁”的故事就道出了其中的道理。而小雷所生活学习的环境非常嘈杂，家长从未意识到给他创设一个相对宁静的学习空间的重要性。

其次，孩子毕竟是孩子，尤其对小雷来说，其自觉性差，主动学习基本不太可能，这就需要家长的辅助和指引。但是小雷父母对其一直是放任自流，良好的学习习惯养成无从谈起。

再者，一般情况下，孩子学习上有困难，大人总会给予帮助。可小雷学习有困难时得到的却是父母严厉的打骂以及因为屡屡不完成作业而被老师批评，被同学疏远。在情感上，他其实是孤单的。他开始有了“自己不行”的想法，开始有了抵触做作业的习惯，开始有了厌家的可怕情绪。

2. 内因

浙江大学医学院附属儿童医院的医生为小雷做了“瑞文标准推理测验”。这项测验主要用于智力的了解和筛选，是世界上一项比较权威和科学的测验。虽然测验时间没有严格的要求，但是一般人完成瑞文标准推理测验大约需要半小时，最好在 45 分钟之内完成，但小雷花了将近两个小时才完成。

让我们来看一下小雷的测验结果：

测验结果：			
智力百分等级		46%	
智商数		97	
总题数	60 题	正确题数	38 题
知觉辨别能力	12 题	正确题数	12 题
类同比较能力	12 题	正确题数	11 题
比较推理能力	12 题	正确题数	7 题
系列关系能力	12 题	正确题数	6 题
抽象推理能力	12 题	正确题数	2 题

我们可以发现小雷的智力水平不高，其抽象推理能力明显低于常人。也就是说，小雷在接收了信息后再加工的能力较弱。他不善于运用表象、直感、想象等形式，他对接收的形象信息以及贮存在大脑里的形象信息进行加工（分析、比较、整合、转化等）的能力较弱，很难从形象上认识和把握研究对象的本质和规律。

举例来说，大部分同学看到“挑”“跳”“桃”，都能很正确地分析字形，能根据形声字的造字规律识记和运用，还能同理想到学习过的“逃”字等，但小雷就很难做到。他很难用字的构成规律去记字，只能死记硬背大致的字形，可想而知，他比别的孩子学习时辛苦多了。

但就算智力水平不高，他做题花费的工夫也太长了一些，医生怀疑其注意力很难集中，这在后来的注意力测验中也得到了验证。

这下小雷“听课时的学习效率如此低，做作业时那么慢”的现象得到了合理的解释。他的学习困难主要是由注意力、自控能力、抽象思维能力明显较弱而导致的。

迎招而解

1. 将心比心——改变家庭教育方式

小雷之所以出现现在的问题，家庭教育的方式不当是很大的原因，所以首要的任务便是为他构建良好的家庭支持系统，让他最亲近的父母在教育方式上作出改变。为此，我耐心地向小雷父亲分析了小雷的心理状况。首先，他渴望被认可。没有一个孩子不希望得到别人认可，小雷也希望取得好成绩，得到父母的肯定。父母对他的关注太少了，他觉得自己如果能更优秀点，也许父母对他的态度就不同了。其次，他着急。他其实努力了很多次，但的确受到先天因素和早期薄弱基础的影响，即使多次尝试后还是没什么进步。再次，他无助。他最需要的是学习上的帮助，但现实中他不但没有得到，反而引来父亲的打骂。那样的打骂不但帮不了他，反而会让他对自己否定、对父母失望。我让他爸爸站在小雷的角度仔细感受小雷此刻的心情，并想想小雷需要的是什么。我用这样的方式争取父亲的理解，希望小雷父亲能改变粗暴方式。经过几次沟通，小雷父母在认真商量后，最后决定由小雷爸爸主管店里的生意，妈妈回家耐心培养孩子良好的学习习惯。

2. 丰富活动——加强感觉统合

虽然测试结果显示小雷智力不高、注意力难以集中，导致学习困难，但坚持训练，不断刺激小雷各种感官的敏锐度是可以改善现状的。如果再有良好的亲子关系做支持，相信小雷更愿意接受训练。为了让训练任务和亲子活动有效融合，在我的提议下，他们一家三口有了定期出游的计划，周末父母会腾出时间陪他一起散步锻炼。这不仅让小雷感受到父母对他的重视和喜爱，也增加了小雷锻炼观察、感受各种环境和刺激各种感官的机会。

注意力不集中往往也是感觉统合失调导致的，科学的训练能增强感觉统合能力，提高孩子的注意力。医生给了很多建议，小雷在日记里也会常常提到和妈妈一起玩夹弹子比赛、打球等。跳绳是很简单易操作的训练协调能力的运动，也成了小雷和妈妈天天坚持的一项体育运动。

3. 确定目标——分阶段逐步达成要求

让小雷的学习达到正常水平是我们的目标。但任何目标的达成都不是一蹴而就的。对小雷来说，让他在短期内达到与同学们差不多的学习水平是很难的。所以我们共同商定了长期目标和短期目标，分阶段实施。

第一阶段：制定各学科学习要求。语文能把课文大致读完；数学应用题可以错但基础部分必须合格；科学课的实验要会做；英语课认真听老师和每位同学发言；体育都及格；美术作业可以和同学合作完成，但必须都交；音乐基本能把节奏唱对，音准不要求。

之所以这么定是因为：语文的很多字小雷都无法记住，一篇课文都很难读下来，所以只要能把课文大致读完就不错了。数学的四则混合运算他基本能做，但应用题就不行了。科学课的实验是小雷最喜爱的，达到这个目标比较容易，可以激发他学习的兴趣。至于英语，以他现有的情况，提再低的要求都难以实施，所以就没有提要求。

第二阶段：不少学科稍稍拔高了要求。语文能基本正确地读课文，听写每次至少对 5 个词，作文至少写出完整的三句话。数学仍然是基础部分都掌握，应用题能至少做出一道。科学课的实验要全会做，基础知识题能达到合格。英语作业是完成抄写。

别小看这英语的抄写作业，在常人看来很容易，对小雷来说却很难。别人抄英语单词是一个词一个词地抄，可他是在按每个字母慢慢地描，一次英语作业要一个中午的时间才能完成，而且还写得龙飞凤舞。但只要抄对，老师就算他通过。

我们设定目标时充分考虑了计划的可实现性，保护他的学习积极性。在实施过程中，不断调整要求，但一经商定好的目标就不随意改动，遇到困难，老师家长给予协助，力求让他体会到达成目标的快乐，从而对下阶段任务的完成更有信心。

4. 及时评价——用肯定和鼓励再塑自信

激励性评价可以提高孩子的学习积极性，创设良好的学习氛围，可以促进孩子认识自我，发现自己的优势，从而树立自信。小雷的作文虽然已经能写上三句话，但这三句话里，小雷就要用到好多个拼错的拼音，其速度可想而知。更打击他的是，在期末测试时，他的作文仍因字数明显达不到要求等而得了 0 分。在这种时候，老师的评价非常重要。我肯定他写出了完整的句子，而且句子比以往任何一次都长，拼音用得越来越少。对他再小的进步，也要给予真诚的肯定，尤其要肯定他付出努力的过程。比如制作科学小报，他的小报做得虽然不怎么样，但我依然肯定了他去找资料、排版、誊抄的过程。久而久之，他对作业没有了惧怕，开始积极应对作业。而在这一实践过程中，小雷的思维自然而然得到了充分的锻炼。

每个个体都有短有长，脑科学家已经验证，发展强项其实是可以刺激其他功能的发展的。这点在小雷身上得到了印证。他对科学实验尤其感兴趣，实验成功率较高，经常得到科学老师的表扬。我得知这个可喜的消息后，不仅在班里让同学们向小雷讨教，还悄悄地让科学社团老师在选拔成员时对他多加留意。一直认为自己“不行”的小雷在科学课程的学习上有了很大自信，竟然通过了校科学社团的选拔。入选后，他很珍惜这难得的机会，认真参与每周的科学活动。在六年级的区“直升飞机对抗赛”中小雷获得了三等奖。在高兴的同时，他也发现，自己非但不像他自己所认为的那样“不行”，相反他比大多数同学还厉害，能在区里的比赛得到荣誉，为学校争了光。科学学科的成功，使他更敢于面对其他学起来困难的学科，让他有面对挫折的勇气。

解招而归

变化一：妈妈的陪伴让小雷的生活变得规律。从前小雷的早餐是拿钱自己解决。孩子拿了钱，转眼就变成了玩具。晚餐吃的都是店里的盒饭，有时忙起来，吃都顾不上，小雷也跟着饿肚子。现在，小雷妈妈改变了作息时间，早上为孩子准备有营养的早餐，牛奶和鸡蛋是不会少的，晚饭也开始自己烧。每天吃过晚饭后，小雷在妈妈的督促下认真地做作业，保证每天都完成回家作业。生活有规律后，小雷的精神有了明显变化，笑容又慢慢恢复了，身体也强壮了不少，小雷成了班里请假次数最少的一位同学。毕竟好身体是好好学习的必备条件之一。

变化二：运动水平得到提高。运动不仅锻炼了小雷的协调性，还让他收获了自信。在一次全校单跳比赛中，身为“体育困难户”的小雷居然拿到年级第 8 的好成绩，这得归功于赛前刻苦的跳绳练习。他练习的初衷是希望自己不要在比赛中给班级拖后腿，可没想到，他竟为集体争了光，他因此增加了不少信心。

变化三：作业完成率大幅提升。完成作业曾经是最耗费小雷和老师心力的事，但经过制定目标和分阶段达成计划的实施后，小雷的英语作业完成率达到了 70%，数学和语文作业完成率有 90%，科学作业完成率达 100%。在很长一段时间里，小雷还是会经常拖欠作业，但拖欠的次数一个月比一个月少，做作业的速度一个月比一个月快。

变化四：找到闪光点并及时鼓励，使他找到自信。我不止一次带着他反问自己，既然科学上能有进步，那其他学科为什么就不行呢？在一次次的反问后，小雷在各门学科的学习上都有了很大的主动性。到五年级时，他甚至可以脱离大人的监督，在稍长的时间内，独立完成作业了。

变化五：这也是最重要的变化，家长的改变、老师的关爱使小雷感到了生活的温馨，他再也没有离家出走过。学习的进步使小雷找到了学习的快乐，他再也不沉默寡言了。那个爱笑会闹的活泼小男孩又回到了我们的集体，倍受欢迎。

看着小雷一点点的改变，我不禁想，如果早一点发现他的问题，早一点制订计划，早一点敦促其家庭做出实质性的改善，孩子会不会少经历些痛苦，会不会更自信一点？家庭是儿童生命的摇篮，是孩子的港湾和出发地，家长是儿童的第一任教师。从这个意义上讲，家庭教育是其他一切教育的基础。孩子需要老师的关怀指引，但更需要父母付出深切而理智的爱，让孩子做一个具有健康品性、一技之长的适合社会未来需要的人。

而对我们老师来说，我想说每个孩子都有他存在的价值，他给我们带来惊喜，考验我们的智慧，让我们获得了教育的启迪。对不同的孩子我们的要求应该是不同的，所谓因材施教，我们不能对每个孩子都整齐划一地要求。尤其是对特殊的孩子，我们要予以更多鼓励、更多关爱。虽然在笔试上小雷的各科测试还达不到全部合格，但他已经不再躲在角落里发呆神游，不再需要父母老师每分每秒的监督，不再做一个学习的旁观者了。

孩子的改变也不是一朝一夕的，要有足够的耐心等待。要相信，只要付出就一定会有收获。小雷的每一点进步都不是几天，几周就产生的。曾经他妈妈不知多少次因为我们共同商定的策略没有起效而焦虑地与我倾诉，但总在我们觉得走投无路，有些丧气时，小雷会给我们一点点惊喜，使我们又燃起希望。

我还想说的是，小雷终归还是幸运的，他的父亲及时纠正了自己的教育方法，和母亲一起科学理性地审视孩子的问题，付出了耐心和恒心，积极做出补救。小雷又回来了。他找到了自信，找到了学习的快乐，找到了自己的奋斗方向。

如何对学生进行不良情绪的疏导

我愿意做孩子们心声的聆听者，如同好友一般敞开心扉。无论是喜悦，还是困惑；无论是烦恼，还是释然，一切都是成长的滋味。在幼小的心田，种下自信与阳光的种子，一起期待未来的精彩。

——秦　斐

孩子们的健康成长日益成为学校、家庭和社会关注的焦点。由于孩子学习竞争日益激烈，学习内容与实践活动日益增多，他们在提高自身综合素质的同时所产生的心理压力和心理障碍往往被我们所忽视。本文就小学班主任工作中对学生不良情绪疏导的策略，浅谈笔者的几点体会。

来者何人

引起小学生不良情绪的原因有多种，如家庭、学校、自身等。文中的小干部是一位各方面表现都比较出色的孩子，学习成绩优秀，能说会唱，动手能力也不错，属于人们常说的“别人家的孩子”。一直以来，他听到的基本都是表扬声，看到的也常是同伴们羡慕的眼神，因此在他的身上有着很外显的自信和优越感。可是，他却没有做好迎接批评的准备。所以当遭遇别人的不满时，他的不良情绪就会就一触即发。下面笔者要讲述的就是这样这样的案例。

倏然见招

班里有个小干部，平时表现都很不错，深受老师们喜欢。一天，有个孩子跑来告诉班主任，他在别人的书上乱画。老师还没去仔细了解这件事，就发现他坐在座位上发脾气，并一个劲敲桌子，还把课桌上的学习用品都推到地上。旁边有同学安慰他，可他一句也听不进去，还嚎啕大哭起来。原来他认为别人冤枉他，他只是帮助参加兴趣小组的同学抄录老师口头布置的作业。班主任仔细看了那本有争议的书，他确实记录了几个字，但没有成句，而且所写的字非常潦草和凌乱，让人很难辨认写的究竟是什么。

迎招而解

古语说得好："知其心，然后能救其失也。"要对学生进行不良情绪的疏导，首先要清楚地了解导致不良情绪产生的原因，才能了解学生的心理需要，对症下药，引导学生认识自我，鼓励他们完善自我，并让他们愉悦地接纳规范，不断形成良好的情绪。对学生不良情绪进行疏导可以采用以下几点策略：

策略一：角色扮演，谈话入手，疏导学生的不良情绪

教育心理学研究指出，教育者的个人威信与教育效果呈现出较为明显的一致性。因此，班主任在学生中享有较高的威信，是成功进行情绪疏导的前提和保证。班主任要用自己的学识和丰富的人生阅历，做学生成长路上的知心朋友和引路人。班主任不仅要把自己扮成严师的角色，而且还要扮演好"爱如慈母，管如严父，亲如朋友"的三重角色，做到以心换心，以诚对诚，多倾听学生的想法，从谈话入手，不断拉近师生之间的距离，帮助学生拥有良好的情绪。

1. 慈母的角色

母亲不会因为孩子的美丑存在偏袒和私心，老师也应该如此。老师要爱每一个学生，关心他们的身体，关心他们的生活，关心他们的学习，关心他们的思想，为情绪疏导打下情感的基础。谁都知道，老师在学生心目中的地位是不可比拟的，一句鼓励，可以让学生感到无比的激动和自豪。天下的母亲都希望自己的孩子快乐，那么老师也应该让学生看到自己点滴的进步，体验进步成长的快乐，增强继续进步的信心。

老师要像母亲一样善于发现孩子的长处，充分肯定他们的点滴进步，永远不说“你不行”，而是毫不吝啬地说：“嗨，你真棒！”让孩子在充满鼓励与期待的沃土中成长。对于能力弱的学生，老师更要给一点偏爱，倾注爱心、热情和期望，对他们取得的点滴成绩，及时给予表扬和鼓励。这样，在他们身上就会产生“罗森塔尔效应”，逐渐拥有积极向上的情绪状态。

2. 严父的角色

教师爱学生，不是姑息迁就，不是放任自流，而是呵护与严格要求相结合的爱。当学生由于犯错而出现不良情绪的时候，我们不能为了做疏导工作，而将对学生的爱变为溺爱。在尊重学生的人格和专长的同时，也要严格要求他们，因为严格要求学生也是对他们的一种尊重。没有规矩不成方圆，只有奖惩得当，才能让学生在犯了错误以后认识到错误，才能在班级中形成一种良好的、积极向上的舆论导向，并让正确的舆论导向帮助学生拥有良好的情绪状态。

3. 朋友的角色

有一句名言叫“蹲下来看孩子”，教育者要蹲下来和孩子保持一样的高度，以孩子的眼光看问题、看世界，这样才能真正尊重孩子、理解孩子，也只有在这样的前提下，教育者才更有心去主动地创造更充裕的时间和空间，去了解、剖析、关爱学生，为学生提供更适合的教育。在疏导学生的不良情绪的时候，也是如此。要以平等的身份，平等的对话，动之以情，晓之以理，导之以行。在融洽的师生情感中，教会孩子用不同的视角、不同的立场去看待眼前的障碍和困惑。这样，学生才会把班主任的批评看作是对自己的爱护，把班主任的表扬看作是鼓励，逐渐把行为规范转化为自己的心理定势和良好的习惯，收到“亲其师，信其道，受其术”的效果。

老师不能老是用一副不苟言笑的面孔来威慑学生，以维护自己“神圣”的地位，这样只会让学生的心离自己越来越远。用真诚的情感去热爱学生、关心学生、爱护学生，就会受到学生的爱戴，就能沟通师生之间的心灵，从而在师生之间架起一座信任的桥梁。

策略二：加强与家长的联系，共同疏导学生的不良情绪

在学校生活中，仅仅从班主任的角度出发，去疏导学生的不良情绪往往还不够。学生心理负担加重，不仅有着学校方面的原因，家庭方面也有着重要影响。有的家庭，父母关系紧张，孩子因缺少关爱而变得自卑、情绪低迷、易冲动；有的家庭，父母工作忙，对孩子无暇顾及，放任自流，导致孩子不求上进，自暴自弃；还有的家庭过分溺爱孩子，娇纵了孩子的自私、任性、我行我素心理……以上家庭因素的影响，都可能导致孩子的心理畸形发展，在性格上孤僻、胆小、忧郁，人际关系不良，以自我为中心，不能与人合作等。这些都会危害孩子的心理健康，出现不良的情绪反应。针对这些问题，班主任可主动争取家长的支持，形成合力。在实际工作中，班主任一方面要利用家长会的形式，就共性问题与家长进行双向交流，以便沟通思想，相互配合；另一方面要通过家访和个别谈话方式，就个别问题与家长取得联系，找出病因，密切合作，在家长和老师共同努力下，将问题消灭在萌芽状态。班主任只有充分重视家庭教育的重要性，真正与家长真诚、和谐地沟通，才能客观、全面地了解学生的心理成长过程，减少教育的盲目性，提高教育效果。

策略三：开展丰富的集体活动，疏导学生的不良情绪

学生时代，一般都是家庭——学校两点一线的生活，规律而单调、乏味，限制了学生的视野和活动空间。紧张而富于竞争的学习生活，很容易使学生产生紧张、压抑、忧郁的情绪。因此，班主任要根据孩子好奇、好玩、好动、好积极思维的特点，利用自习或业余时间，组织一些丰富多彩的文化活动，使学生在轻松愉快的氛围中学习、成长。如在班级中经常开展才艺表演，鼓励学生积极参加班际、校际的交往活动、兴趣小组活动、夏令营活动等，使学生在活动中培养兴趣，发展特长，陶冶情操，开阔眼界，最大限度地满足儿童的心理需要，为学生生动活泼、健康快乐地成长提供广阔的空间。

策略四：教给学生调控情绪的方法，学会自己疏导不良情绪

许多学生有了不良情绪自己却全然不知，抑郁的学生认为自己总是处于不利的环境，冲动的学生又总是认为自己了不起，他们均未意识到这样的不良情绪对自己成长的不利。因此，在班级工作中，班主任可以利用班队活动、晨会课，结合学生近期的不良情绪表现，告诉学生不良情绪是什么、有什么表现和后果、如何疏导等。同时，还要注意引导学生归纳出控制自己不良情绪的方法。如不愉快时唱唱歌、想想高兴的事；遇到困难，找老师与同学说说知心话；在显眼的地方贴上提醒、鼓励自己的词句；平时多为大家着想，多为集体做好事等。

解招而归

案例中，发脾气的孩子冷静下来后，老师先请他读读书上的那几个字，然后问他："你为同学抄作业，出发点是好的，可是别人能看清楚你的字吗？不成句子的几个字，别人能看懂吗？"随后，老师拿出他平时书写端正的作业本，与书进行了对比，请他做个选择，哪边的字更像是他写的。他一直都没有说话，老师说："如果在抄作业的时候，选择端正地书写，选择把完整的句子抄写在本子上或者是纸上，同学们就能感觉到你的诚意了。而你今天因为生气而敲打桌子的行为，让同学们感觉到的又是什么呢？跟你的'文明学生'称号相符吗？"听到这里，刚才还一直生闷气的他，低下了头。随后，老师跟他一起商量了补救这件事情的办法。他主动向同学道歉，把书上的字擦干净，又在一张白纸上端端正正地把老师布置的作业完整地抄写下来，两个孩子高兴地握手言和。在班级里，老师结合这件事组织全班学生展开了讨论：平时究竟该如何去帮助别人？当和同伴之间有了误会和意见时，又该如何去解决呢？学生们各抒己见，都认为“真诚”二字不能少。老师肯定了学生们的共识，又为他们介绍疏导情绪的方法。在之后的班级活动中，老师鼓励大家积极参加，在活动中促团结，在活动中促成长。借助集体活动，加强班级凝聚力，让学生感受到班级生活带给自己的愉悦。事后，班主任老师还与这个孩子的家长进行了沟通，及时了解孩子在家的情绪状况，争取家长的配合，在生活中积极引导孩子，让孩子学会用科学的方法调整自己。经过这次事情，班级里学生之间的关系变得更融洽，类似不良情绪出现的情况也逐渐减少。

老师在疏导学生不良情绪的过程中，必须重视与学生的思想交流。成功的谈话，能起到扶正祛邪的作用，使师生双方心情愉快，气氛和谐。而失败的谈话可能会导致一场“口舌之战”，学生和教师情绪对立，有时甚至会使学生走上极端。所以，老师与学生谈话时要注意谈话的技巧，要讲究谈话的艺术性，使之成为学生前进道路上欢快的乐声、误入禁区的哨声、驱除苦闷的良药。

（1）与学生谈话首先要注意态度和蔼，语气亲切。这样，学生易于接受，敢讲真话，会向你敞开心扉。

（2）与学生谈话宜“讨论式”进行。在学习和集体生活中，学生常常会碰到一些难题，因为解决不了这些难题而出现苦闷、自卑、暴躁等不良的情绪。遇到这种情况，教师宜和学生进行讨论，层层剖析，引导孩子正确理解，帮助学生逐步提高辨别、判断、分析的能力，切忌生硬训诫，以免学生充耳不闻，口服心不服，感到迷茫。

（3）与学生谈话时，可以从学生的某一爱好或喜欢的亲朋好友谈起，或利用课外活动时间和他们共同打乒乓球、踢键子、做游戏，在大家心情愉悦、感情融洽的氛围中引入话题。当学生觉得你是那么随和可亲，跟自己很合得来的时候，就会滔滔不绝地向你述说，让你了解他们的一切。此时，你跟学生的感情也就更加亲近了。

（4）谈话时要多使用夸奖鼓励的语言。作为教师，往往对学生寄予厚望，希望愈深，对学生的短处就“恨”之愈切。这样在情绪疏导时，老师难免也会高谈阔论，用大话说教，处处加以批评指责。可是，学生并没有听进去，反而带着很大的抵触情绪，或者当作耳边风，更严重的还可能产生报复情绪。其实，每一位学生都有自己的长处，做教师的要善于发现并及时鼓励。夸奖和鼓励是对学生的信赖，它能帮助学生克服缺点，注入信心和力量，帮助学生扬长避短，不断地进步和完善。

（5）和学生谈话应多一点幽默感。一个班集体中的学生性格各异，有的学生性格内向、不善交谈，遇到困难和挫折就大哭鼻子，或者乱发脾气，这时，教师千万不要厌烦，不要大声责骂学生，甚至发火，倾盆大雨般地批评学生，这会使学生如履薄冰，更加自卑。此时，教师可以根据学生的神态和动作，设计几个玩笑，引他破涕为笑，缓和一下气氛，再因势利导地交谈，这样，教育效果可能会更好。

瑞士教育家裴斯泰洛齐曾这样说过："每一种好的教育都要求用母亲般的眼睛时时刻刻准确无误地从孩子的眼、嘴、额的动作来了解他内心情绪的每一种变化。"班主任不仅要做一个"传道授业"的师长，更应该正确、及时地解决、疏导孩子成长过程中出现的心理问题，使孩子们以良好的情绪投入每天的学习和生活中去，促进孩子的健康成长。

图书在版编目（C I P）数据

24式：班主任的见招拆招 / 俞晴主编. — 杭州：浙江教育出版社, 2020.6（2021.4重印）

ISBN 978-7-5722-0283-4

Ⅰ. ①2… Ⅱ. ①俞… Ⅲ. ①班主任工作 Ⅳ. ①G451.6

中国版本图书馆CIP数据核字(2020)第086075号

24式：班主任的见招拆招

24SHI: BANZHUREN DE JIANZHAOCHAIZHAO

俞晴　主编

责任编辑　张小飞
美术编辑　曾国兴
责任印务　吴梦菁
责任校对　陈德元

出版发行　浙江教育出版社
（杭州市天目山路 40 号　电话：0571-85170300-80928）
制　　版　浙江新华图文制作有限公司
印　　刷　浙江新华数码印务有限公司
开　　本　880mm × 1240mm　1 / 32
印　　张　7.25
字　　数　124 千字
版　　次　2020 年 6 月第 1 版
印　　次　2021 年 4 月第 2 次印刷
书　　号　ISBN 978-7-5722-0283-4
定　　价　48.00 元
如发现印、装质量问题，影响阅读，请与承印厂联系调换。
电话：0571-85155604